JN411575

시時와 시詩

임 린 시집

시와사람

임 린 시집
시時와 시詩

2023년 11월 10일 인쇄
2023년 11월 15일 발행

지은이 | 임 린
펴낸이 | 강 경 호
인쇄·기획 | 도서출판 시와사람
등 록 | 1994년 6월 10일 제 05- 01- 0155호
주 소 | 광주시 동구 양림로119번길 21- 1(학동)
전 화 | (062)224- 5319
팩 스 | (062)225- 5319
E-mail | jcapoet@hanmail.net

ISBN 978-89-5665-698-4 03810

값 12,000원

· 이 책은 2023년도 광주문화재단 지역문화예술육성 지원사업의 지원으로 발간되었습니다.

공급처 ■ 한국출판협동조합
경기도 파주시 탄현면 오금로 30
주문전화 (02)716- 5616, 070- 7119- 1740

시時와 시詩

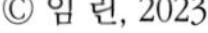

■시인의 말

위로의 시를 쓰고자 했으나
슬픈 시가 되었다

2023. 11.
임 린

시時와 시詩/ 차례

2 기우는 달

3 나무 장례식

4 달동네의 겨울

| 작품론 |

1

거울의 페르소나

거울의 페르소나

저 속에 타자가 웃고 있다
나인 것처럼 웃으나 실은 허상의 그림자다
나는 웃지만 속으로 울고 있다
가면의 세계가
위악을 증폭시키는지도 모른다
범벅이 된 사실과 진실을 칼로 자르듯
논픽션과 픽션을 가리는 일이 가능할까
마음을 모르는 거울이 표정만 반사할 뿐
매일 아침 오늘은 신나는 일이 있을 것처럼
거울 앞에서 얼굴을 매만지는 것이다
언젠가 깨질 거울과 나의 안팎을 감싸고
해명에 대부분의 시간을 바친다
말과 표정, 마음이 따로 가는 생이
가식과 페르소나를 남발하면서 울고 웃는다
달빛을 반사하는 둥근 허구 같은 추석이다
너에게 웃으면 웃어지듯
오는 것 반갑고 가는 것 반가운
가면 서운하고 오래 머물면 버겁다는
나는 부서지지만
세상 거울은 깨지지 않는다.

시조새
– 始祖

구겨지기도 했을 이 없는 해오라기
걷게 되면서 날지 못한 새 비 맞고 섰다
처진 죽지에 굽어진 등마루
퇴화된 깃털이 빗물을 말리는지 터는지
골판지 같은 몸에 주름이 자글거린다
끌던 폐지 키트를 잠시 멈추고
허리를 뒤로 재껴 보지만
강대나무 꺾이는 소리에 놀란 관절
바닥을 원 없이 안아 볼 것처럼
지면으로 허리 목은 휘어지고
민들레 꽃씨처럼 무게의 반란이 희미한 길을 낸다
목관 치수에 몸피를 맞추나
능소화 담벼락에 닳고 허물어지는데
한세상 견디다가 하늘 새로 돌아간다면
수리의 몸에 들어가 완판될 것 같은 티벳 벼랑 새의 후손
메마른 입술은 무어라 말을 하지만
들리지 않는 당부
이 세상 최후의 말
섬몽을 묻지 않기로 했다.

갠지스 강의 구상도

강 가 불타 불티 올라
구상도의 계단 가장 낮은 곳에 발목을 담그고
뼈의 구릉 하구를 이룬다
불꽃 디아도 릭샤에 부딪힐까
십사억 인도의 신비
물비늘 그늘에 날아드는 흰 재
그 사이로 흰옷은 어른거려
강물에 목욕하는 사람
정좌하고 명상하는 사람
미처 다 태우지 못한 주검을
강에 흘려보내는 사람
힘겹게 몸을 트는 수천키로 강줄기는
원소로 환원하는 피안의 세계로 흐른다
물질의 잠에서 깨지 않음으로
비로소 아침을 맞이할
물화 된 사과가 하트 모양으로 축조된다
피안과 차안의 경계를 따지지 않는 그들
삶 속에 죽음이 있고 죽음 안에 삶이 있는
사라의 탯줄 속에 무슨 꿈이 서릴까
강의 길이만큼이나

따가운 불티만큼이나
몸에서 불로 물에서 흙으로 다시 태어나
보이지 않는 것을 보게 될 옷 벗은 영혼
저리 니르바나로 가는 여정일까

다비

봉안당 숲 안개 속
불살 타고 붙는 연기
봉두 풀어 헤치고 불티 산에 오른다
타악 탁 고승 한 분이 맨발로 걸어 가신다
세사의 거친 길 타는 심지 속에
면벽 허공에 청수로 걸러내다
몇 번이나 넘어졌을 두 발이 거마 위에 단정하다
토막 친 나무 탑 지평으로 낮아지고
도요 가마 연꽃 무늬 하얀 소반에
뜨겁게 살았던 사리 몇 알 남기셨을까
해탈교 건너는 침울한 목탁 소리
뒤따르는 불두화 연꽃의 그림자가
합장한 손끝에서 파르르 떨린다
두 평 저자 흰 벽에 살거리가 눈 뜨고
하루치 노을 나무 끝에 졸리듯 걸려있다
태워질 것 버려질 것을 안고 사는 우리
닳으면 신발도 도반 한다고 말할까
소지가 타면 저 너머 도리상 만나질런지
덤 없다 덧없다 죽음은 미완의 묵화 같다
점묘법으로 그린 초상화 앞세우고

주머니 없이 사뤄 인적 드문 산골을 지나
새 한 마리 서천 가는 뒷모습
내게 사리 없고 공 없음을
돌아보지 못할 것 같다.

블루 블루

잘 지내지 못해요
산국 수국의 하늘 빛을 미신처럼 혐오한다는군요
푸른 핏줄로 감싼 어머니의 자궁을 생각해 봐요
오랫동안 기다림과 우묵한 시달림으로
당신을 내 준 아침이 터져 흐르지 않나요
부딪힌 이마가 뾰족하고
찢긴 입술 피멍으로 들어서면
놀라서 다독이던 누가 있었나요
산성도나 타인의 심상을 탓하지 않아요
편견과 갈증으로 타던 장미의 여름이 지나면
끝없이 물결치는 푸른 바다로 갈 거예요
물든 날을 즐길 거예요
어머니와 나 하늘과 바다가 서로 부둥켜안고
붉게 젖는 저녁의 감정을 울먹일까요
젖어 붉는 저녁을 물어 볼 거예요
지어 부신 꽃말로 때리지 마세요
자궁 안팎은 한 색으로 되어 있지 않더군요
푸른색은 안 되나요
꽃은 꼭 다른 색이어야 하나요
흔들리며 한철 비에 젖는 화관

어떻게 생각할지 모르지만 즐거운 비명이죠
산방 꽃 차례로 석태 낀 눈이 환해졌다면
불안한 오늘과 내일 그리고 모레의 머리에
멋진 핀을 꽂아 드리겠어요
어차피 당신과 나는 사랑으로 피고 연습도 없는
슬픔으로 져야 하니까요
당신의 내일이 그리운 어제를 삼키고
흩어지는 말들이 미완성되는 오늘
이유가 있건 없건 한번의 삶
장렬하라고 말하고 싶어요.

영혼이 맑아지는 시간

보름달의 적멸을 안으니
한낱 저자에 찔린 어리석은 자의 이마가 투명하다

부엉이 날갯짓에 놀라다가도
숲은 점점 아래로 깊어져 간다
뭇짐승이 성긴 잎새의 가슴을 열고 꿈속으로 들어간다

부처 영혼이 부도의 사리에서 깨어나는 시간
고타마 싯다르타
바람의 계단을 밟고 법신 서방정토에 내려오신다

망각과 해탈의 경계에서
굽은 것이 한 아우라로 펴지는데

달빛 내린 대웅전 고요는 한 마장쯤 물러
몰아에서 무아의 지경에 이르러
만물이 정적에 있고도 없는 것 같다

소쩍새 한 마리
살아서 죽은 달밤

우리가 멈추기 전에

경계선이 휘어진다, 나는
당신은 지평선 아래 누웠다
나는 오른쪽 당신은 왼쪽에 있다
식탁과 목곽에서 눈짓을 주고 받으며
한껏 크샤나와 영원, 꽃과 바위의 은유
숨 쉬는 나는 오늘의 궤적을 달리고
멈춘 당신은 내일의 회귀를 꿈꾼다
당신과 나는
산을 넘어야 하는 흰나비
어떤 바람에도 연은 나비의 날개 바람개비
넋마저 놓아 버린 한 장의 페이퍼
소지처럼 불태워야 할 서정은
머뭇거림 너머 남겨야 할 문장 같은 것
익모초 같이 풋내난 쓴 약을 마시며
어두워지기 전
국도를 달려 극락교를 건넌다
교각은 너와 나의 수심을 맨몸으로 껴안는다
멀어져 가는 간격을 강이 메우며 흐른다
수평으로 격정을 가라앉히고 웃어야 할 당신과 나
검은 리본을 달고 지난한 날을 흐뭇해야지 싶다.

잠 속의 잠

수묵화 능선이
가까이 멀리 물결처럼 구비친다
짙다가 엷어지는 산너울
수채화 푸른 화폭이 그리움을 펴 놓는다
산이 산을 업고
서로 업힌 풍경
까치도 앉지 않고 바람도 아껴 부는데
이젠 아파도 편치 않는 의자가
베란다 한쪽에 놓여
내 이마의 시간을 읽는다
저 산이 내 품에 다가와 안기는 건
이태 전 열차가 떠나갔기 때문이다
오늘의 물가를 지나 산까치의 지팡이를 짚은
숲길에 피어난 꽃
하나의 감정으로 비치던 그 꽃잎
떨어진 약속을 밑돌에 얹어 놓았다
업힐 때 당신의 가벼운 어깨가
옷장 사방 벽으로 쓸쓸하게 번지는
산 그림자 구름과 새
슬픔보다 높게 걸린 액자에

유리면을 어루만지다가
울지도 웃지도 못하고
이불을 둘러쓰는 휴일의 잠
폰도 귀에서 멀어지는
베개가 우는 잠

목과木瓜

목줄에 꿰일 때 소리를 내는 주먹
과일 가게 면박 줄 생각 없지만
생김새가 주물러 놓은 것 같다
각기 다른 방향으로 자라나
밀물처럼 창창하거나
자궁에서 심장을 통과한 것 같다
머리카락이 머리통을 놓지 않듯이
가지는 허공과 뿌리를 한눈에 응시한다
볼품없는 열매가
신기하게 가지에서 시고 단 뿔로 솟아
피할 수 없는 상채기는 운명이라 여긴다
목향으로 충당하기에
종점이 있는 변두리는 매양 밝고 탐스럽기도 하다
하늘에 향기롭고 바람찬 시간
등불을 켜고
지상엔 묵주보다 큰 화엄을 펴는
빈자리 진한 향기를 주고
근원으로 떠날 차례다

산월

여기저기 배불뚝이가 보이고

하늘 아래 부끄럼이 없다

애썼다 말 건네듯

단풍은 색종이를 날리고

가을이란 산달

산아 제한이 없다

둥글고 고요한 달의 몸에

향기가 스며

나누고 베푸는 발길이

적요한 동안거에 잠기면

면벽이 한 발짝 다가서

부처의 말씀 속에

상월이 든다

천정의 소리

나바위 성당 은은한 종소리처럼
익산 교도소 세트장 안에 휘파람 새가 산다
유치장 면회소 옆을 지나려는데
무슨 소리가 귓볼을 잡아 당긴다
녹음이 물고 온 발신음일까
녹음기에서 보내는 사계의 음악인가
소내에 들어서 그쪽을 바라본다
천정 걸대를 오가며 강가에서 산다는
개개비가 짖고 있다
왜 이곳을 찾았을까
상처 난 이들의 귀를 밝히려
평화의 음계를 뿌리는 건가
품을 쫓겨서 만경강 갈대밭을 떠나 왔을까
풀려나기를 바라는 곳에 구속을 자청하는 듯한
새들의 알 수 없는 역설
무언가에 묶여 있고 발걸음이 쫓기듯 무거운 내게
채찍을 들기보다 하늘을 건너는
저 휘파람 새의 소리
지난한 날을 죄속하는 종의 떨림
그 울림이 아늑한 봄바람 같아

마음을 열고 입을 닫았다
두 무릎이 환했다

*개개비-참새목 휘파람새과 개개비

정체성이 무어냐고

거울은 넘어져도 부서지며
속을 내보이지 않고 나를 웃지 않았다.
억새 머리 희떱게 한참 흐린 날
손금처럼 물 너울 벙글어 가고
수심은 바람보다 먼저 소용돌이 치는
물속에 그림자를 들여다 본다
불만스러워 냅다 돌을 던졌다
세상 거울에 얼룩이 비치면
침잠할 때까지 탈각 하는 검은 날
정화수 같은 주문을 불러보지만
안팎으로 잡히는 것은 돌개바람 뿐
오래된 수수께끼처럼 날씨가 궁금해
잡힐 듯 불가능해 보이는 것이
강심 주변만 맴돌다 빠져든다
물가에 앉아 물 같은 인간으로 살라는 것
알 수 없는게 사람됨이라면서
섬이 좋아 섬이 된 사람 멀기만 하다
정작 거울 속 울음은 모른다
기단은 깊이 팔수록 괄호만 남기고
달 뜨면 또 한 획 그리움이 내린다

저 산이 물어보는데
물비늘만 너울너울
물결을 일으킨다

미륵의 노래

부처를 모신
왕궁도 사찰도 미륵으로 한 마음
소멸하고 재생하는 시공 위에 염원을 놓았다
남겨지고 묻힌 것 유적과 유물을 찾아
백제의 자취다 아니다 마한의 기왓장이다
영원이 일순일 수 밖에 없는 금동 불상이
좌대 위에 은은하고
주검 사라진 옹관과 왕의 목관에 식은 바람이 분다
주인 없는 왕관 함에 떨어뜨린 사리공
민초들의 흔적이 산화되고 있다
발굴된 일만 구천여 점 유물
후세에 전하고자 새긴 도금 활판
폐허의 조각들이 오늘의 허리띠가 된
얼굴과 중첩된다
삶은 결코 만만치 않아
여러 갈래로 흩어지지만
탑의 정신 화엄의 말씀 따르던
미륵 사지 광활한 벌에
움켜쥐었다 풀린 금제 신발의 송곳
나는 가장 깊은 곳에 그들을 놓아 주었다

용골에 돋는 옹이

아침 저녁 서늘한 바람 끝으로
달려가는 기차를 향해
철로변 개가 청량 머리를 짖는다
구름이 쓸고 간 하늘
막힘 없는 소리가 지척에서 들린다
시간이 노 없이 움직이는가 하면
그림자를 지우는 그림자가 쓸쓸하다
점점 움츠러드는 낮이 진다는 말 싫어 노을이 핀다
순리의 상징이 나무였다면
무슨 염치로 가을이 핀다고 말할 수 있나
살기 위한 끈질긴 발버둥
가끔은 사무치도록 아가미를 벌쭉거린다
흔들려 감기는 것도 열매를 보기 위함이니
둥글게 익어 갈 것 같은 느낌
주머니에 담기는 납량의 입추
조수에 부르튼 발목을 적시며
세월만 구길 수는 없는 일이다
마음 한구석 대패 같은 쓰린
뼈 속을 후비는데 용골에
옹이도 한겹 여물어 간다

손금의 바다

초원의 가장자리를 키우는 햇볕
호수는 달빛이 만든다
그 시야와 시선 사이
계곡에 실금처럼 그어진 어둠의 화인이 찍혀있다
물과 불, 빛과 그늘이 만들어 낸
생략되지 않은 문장
시간의 물결 따라 닳거나 패어
볼록 렌즈 아래 선명하게
백두대간이나 금강 물소리로 흐른다
점술가가 내린 단명의 선언에
실연과 허황을 생각한다
손금처럼 흐르는 강물 끊기면 절명한다는
점서의 활자에도 까딱 않고
물은 말없이 굽이굽이 흘러 모였다 넘치고
바다는 품처럼 땀 흘린 것들을 호명한다
오래도록 썩지 않는 빛과 소금
무궁 꽃으로 일렁인다
캄캄할수록 빛나는 별빛을 안고
절벽 바위의 굳게 닫힌 문을 간절하게 두드리는
해수가 깊고 검고 푸르다

빙문하던 날들 하얀 파도의 혀끝이
돌올하게 새긴 종횡서 낱장 위에
움푹움푹 낙관을 찍는 손이
역설처럼 감겼다 풀린다.

섬

—외이도外耳島에서

고래등처럼 울부짖다가
실의에 빠진 시지포스
달이 물든 신화가 모래밭에
질문지를 쓰다 지우다 무한 반복이다
바다는 무한대로 열려 있는 화엄이다
섬은 고독으로 떠난 시인
물이 받드는 고깔 모자에
수억 년 전 별빛이 쏟아진다
태곳적 울음 휘파람 소리
별밤은 출렁출렁 자정의 문을 닫고
꿈은 물베개의 어화처럼 까무룩하다
불빛 하나 밤바다를 밝히고
대웅전 인경과 달무리가 늑골을 겨누는 사이
내린 별들은 누구도 오르지 못했나 보다
머문 별들이 서리꽃을 피우고
바다에 떨어진 별들은 노래가 되었다
궁금해도 아무도 모르는
나뭇군과 선녀의 얘기
귀는 밖으로 내밀었지만 발목 깊은 수심
출생이 기록된 내밀한 일기

펄럭이는 한 마리의 구전을
낚시꾼은 낚아 가도
비밀은 여전히 모래알로 구른다
바다는 미처 가보지 못한 섬의
헤엄치는 고래
망망대해라는 슬픔
바다 저고리에 숨긴 유방의 젖동산
산고의 전설처럼
여기에 있고 저기서 반짝인다.

채석강

그저 조용한 바위
책갈피에 새긴 조밀한 문장들
심심해서 오늘도 물소리가 읽는다

강도 아닌 것이 강의 이름을 달고
파식층이니 해식층이니 물과 불의 화염 첩첩이 쌓아서
뉘라서 비밀스러운 마음을 다 읽어 낼 것인가

돌아서는 눈이 신비해서 돌게 구멍을 파고
갯메꽃 배웅해서 다시 돌아보았다
순간의 시간을 놓치고 벌써 다리가 휘청거린다.

밀물 들면 여섯 흰 수염 따개비 버스 종점이 오기 전에
수만 년 돌첩의 장강 같은 마음을 요약해 주면 어떻겠니

매창의 거문고 들리지 않고 석정의 글귀 슬피 갔는데
눈앞에 켜켜이 쌓인 불면의 가슴으로
철석 철썩 파도 소리를 받아 내는구나.

바람도 행간 몰라 잿빛 갈매 묻는다

그리도 할 말 많아 돌첩에 엮어 채석도 강도
꽉, 채석 강물 붙들었니

물비늘 눈빛이 반짝이는데
사람아 우리는 침묵으로라도 말해야 한다.

쓸쓸하고 씁쓸한 것

살 만하다 맛이 들었다 하면
거두어 가려 한다네
수확이 없는 가을은 헛일이겠지만
넓고 높은 하늘 아래
혼자라면 쓸쓸해지지 않는 사람이 있을까
나뭇잎 떨구면 길거리도 외로워
떼 지어 날아가는 기러기 하늘을 보면
입맛이 씁쓸하고 괜히 슬퍼지지
알고 보면 쓸쓸한 건 속이 여무는 신호야
사는 게 힘들고 씁쓸하다 해도
바라볼 언덕 같은 것이 있다고 말들 하지
함께 혼자가 되는 건
단단해지기 위한 수련이라네
달콤할 무렵 생은 추락하고
즐거우면 정점이 오지
'함께'라는 말은 나약한 말
씁쓸하고 쓸쓸한 것은 홀로서도 건강한 것
그늘을 만드는 일은 다음 일이지
희망은 아지랑이 절망은 폭포였어
너도 나도 모질게 견디어야 하네

해도 달도 견디기에 둥글어지는 것 같아
익어 간다는 말보다 더 앞서는 건
'쓸'이라는 단어라네
삶이 별거 없다는 말
떫디 떫은 말
씁쓸해서 하는 말이지

연잎과 거미

거미인 줄도 모른 채
잎사귀에 그물을 친다

뇌성 치던 날
팔족 절지를 접지에서
벼랑 길 공중으로 연결한다

이름표를 달자고
표지를 비웠으나

사만 사천 번
학명 필명의 이름을 달리해도
분류해서 거미 종족일 뿐

가까우면 춥고 멀면 타버리는
검은 눈빛의 반짝임
비밀번호 있다면 돌아다 볼까

새끼 손마디 하나를 구부려서
반야의 길로 걷기 전에

오늘같이 비 오는 날은
바지를 털고 가자

진창에 몸 뻗는 연잎의 보시
세속을 딛고 정갈하게 피는 연꽃 보살이
초록 하늘 밭에 거미를 풀어 놓았다

바람은 기다림이 아니다

나를 지우는 달력 앞에서
달력을 넘길 때마다
낱장의 무게가 일으키는 기척이
한숨을 자아내게 한다
과잉된 한잔이 화학 작용을 하는 건
아직은 바람이 남았다는 말이다
넘치는 잔으로 호명하면
다리를 믿기 때문인가
과거의 눈금으로 지금의 저울추를
재단한다면 마음을 버리게 된다
새털 같은 바람이 우듬지에 날린다
물레방아 수차에서
백화 되는 무지개를 보면서
욕망은 불이지만 다 오를 수는 없는
몇 조각 연시聯詩일 수 밖에 없을 것 같다
커튼 콜 앞에 서서 되돌아보는
문장의 미련은 길고 깊어
악수는 차갑지만 쇳물 보다 뜨거운 것
식어가는 촛불 앞에
죄보다 아름답다.

2

기우는 달

기우는 달

까마득한 보릿고개
바튼 젖 물려서
아기 경전을 파리한 울음소리로 읽어냈다는 어머니
가난 드러내지 않고
밤을 새워 등록금 준비하는 바느질 삯벌이
말없이 기다리는 입학 취업
아버지는 공무원 퇴직 후 술로 가시고
얼마후 산딸나무 곁 달그림자 어머니
물기 젖은 아내, 고만고만한 손자 둘 남기고
애써 커가는 아이들과 애옥살이 아내와
변두리 동네 산다
자리끼 물리면 스르르 눕는 요즘
수척한 그림자
달을 가까이 하려는지
부은 발등이 무거워
아픔을 견디며 버티는 나
구멍 뚫린 뒷받침
할 일을 두고
달이 저를 먹은 입술
입맛이 숟가락을 들다 놓는다

대장간의 노을

대대로 내려온 숙명 같은 불솥
쇳물처럼 화로 속에서 끓어 오르던 욕망
단단한 슬픔이 자랑스러웠다
직장 던지고 삼십 년
아버지와 같이 한 대장간
마침내 아버지의 생이 다하여 저무는 순간이
그릇 밖으로 힘없이 내려뜨린 팔목
곡괭이를 만들다 말고 눈이 서쪽으로 돈다
떠내려가는 붉은 녹물 같은 그리움이
내 손을 잡는 순간 힘을 주었다
대장간을 비추던 노을은
거친 몸을 업고 경계선을 넘어 간다
아버지는 스승이자 하늘이었다
어쩌면 다시 볼 수 없을 저 노을의 모습
붉은 날개가 표정을 바꾸기 전에
노을 끝에 매달리고 싶은
서러움이 대장간 처마를 물들인다

남김없이 남는 것

겨울이면 하얀 카펫을 덮어
청포도 같은 나무, 에메랄드 눈동자도
설원이 되고 말아
동짓달 추운 벽에 바람 들치는 날
떠나신 홑옷 어머니 생각
숟가락에 괴인 사랑
살강 먼지로 담겨 운다
남김없이 남긴 빈자리
마음보다 높은
우주인 줄 늦게야 알고
놓친 기차 마냥
아스라이 사라진 하늘
벌레도 울지 않는 섬돌에 서서
눈을 받으며
지난 허공을 당겨
그리움의 궁전을 짓는다

눈썹 하나 차이

하늘엔 애별이 없다
갈무리 잘하고 길 조심 하여라

꿈이 다리처럼 길었다
일터에 다다르니 입구가 막혔다
달력도 잠들었던지 오늘은 휴무일이다
등 뒤로 우묵한 땀이 흘러 내린다

어젯밤 꿈을 떠올리며
물고기 같은 생시를 찾아서
영산강 근처 비석산을 오른다

걱정만큼 눕는 풀잎
강아지풀 봉분에서 먼저 반기는데
변명 같은 등 뒤가 아리다
그림자는 제 꼬리를 골목에 버려진 개처럼 쓸쓸하다

이리도 먼 이승과 저승의 길
머리에서 발 끝까지 만날 수 없는
부모님 꽃술이 하늘 끝으로 날아가
소리 내어 짖지도 못하고 무릎을 꿇었다

별이 된 영혼

빗방울 속에 울먹이는 영혼
별빛에 닿지 못하고
먹구름 속에서 서성이다 지상으로 내린다
씻김굿 한마당에 서역 도달하는 혼이 있다지만
이승 살다 놓친 것 풀지 못한 것
바다에 가서 얼마간 풀게 될까
구천 허공 맴돌던 눈시울
새벽 고이 받들어
은하수에 보내 강물로 흘러야 한다
어머니 아버지 눈빛이
저들 속에 있어
꿈속에서 건강하냐 잘 있냐 물으시더니
이제 하늘나라 별자리에서
곤한 잠 주무시는지
빈바람 소리만 황망히 지나간다.

부재

그리운 맛은 그리운 기억을 호출한다
부재의 존재가 사람을 흔든다

외식 자리에 차려진 멸치 볶음
생전에 좋아 하시던 볶음 멸치 올랐다

고봉으로 떠 자시던 보리 숟가락

이 엄동설한에 아버지의 발가락이 얼어서
유토피아와 헤테로토피아의 눈이 내린다

피안 차안 그 경계 세 가락이 혼재하는
언어 밖의 체위

삼각 초점이 흔들리며
일행에게 마음을 들킨다

우포 늪지 눈꼬리 세 개
가장자리 같은 옛날에 있다.

빗물

사선으로 매우 쳐 딛는 발걸음
아스팔트 고인 물 위로
펭귄처럼 빗살 무늬
솨솨 소리를 내며 떼로 몰려간다.
점액질에 발은 바나나처럼 미끌린다.
문방구 처마 밑에 후줄근한 물기를 털면
구름의 공동 묘지에 광견 한 마리
어둠을 무섭게 짖던 날
한 점 어머니
십리 장터 좌판 변변치 않은 채물에
비닐 막을 씌우고
그 안에서 비 개이기를 웅크리고 같이 졸고 있었다.
나는 빈한하고 깜깜한 제 2강 목차로 태어나
그 어머니 자식이 어머니 덕분에
조그만 도시 엘이디 불빛 밑을 서성이고 있다.
이런 날 선생질하는 내 책가방에는
뚝뚝 숙명적인 문장 같은 빗물이 떨어진다.
고개 들어 하늘 보니
옛 강에 은하수 별싸라기 흐르고
한 점 새벽 별처럼 아득하지만 또렷하게
몸뻬 입은 한 여인이 복사된다.

어머니 주머니

작정해 놓은 지폐
그 용처를 점검했다
귀갓길 꽃가마 만져 본
속주머니가 허전했다
안주머니의 월급이 텅 비어 있다
정신이 하얗게 바래
쓰러져버린 나를 행인이 일으켜
어디 아프세요 간신히 세워 주었다
먹먹한 하늘엔 초승달
탁발하러 나와 있었다
서울 가면 눈뜨고 코 베어 간다더라
증명하듯이 털린 주머니
안팎으로 뒤집어 보았지만
먼지가 주인이다
다음 달 월급 주머니를 촘촘히 꿰맨다
햇볕 든 쪽마루에 나앉아
양말 기우고 계실 어머니
보태 드리지 못한 생활비
죄송합니다

수염 풀

죄 만큼 수염이 자라네

몸에는 모毛이고 얼굴에 돋으면 수염이라는데
무슨 미련으로 성할까

구렛나루가 마른 나무였다면
큰 아궁이 하나 감당할 텐데
쪼들린 살림에 돈이라면 어땠을까

면도기에서 떨어지는 효경孝經을 보며
행장이 매끄러워질 때
걸음이 자꾸 어머니의 산길을 간다

어머니는 까칠한 수염이 한사코 버릇없다면서도
경전은 왜 들먹이고 뒤돌아서서 웃으셨을까

이제는 말 없는 무덤 위에
수염 풀 무성한데

핏빛 물든 강 너머
서까래 깊고 붉던 고향 우물가
고명 같은 홍시 하나 떨고 있을까

쉬 소리는 시 같아

어려서 앞도 가리지 못했던 시절
빨랫감을 개키던 어머니는
잠투정을 깨워 소변을 누이곤 했다
쉬 하는 소리에 터진 줄기가 헛방을 나가면
쪼쪼쪼 고추를 말리고
엉덩이와 배를 가만가만 두드려 주셨다
그래서일까 쉬 소리에 길들여져
쉬 소리 같은 시가 시골 뒷산
대숲 바람이 되어 귀에 붙는다
아내의 시간에 돈 되는 일로 핀잔을 듣지만
건네다 본 먼 하늘은 별을 키웠다
가다가다 사는 게 막막 강산일 때는
이따금 부모님 잠든 산 숲을 찾아
새소리, 꽃 내음에 흠씬 젖다가 어둑발로 끌린다
어머니의 토닥거림은 푹신한 뭉게구름이지만
아득히 안는다
흩어진 마음 다잡지 못하고 꿇은 무릎
어르는 어머니 말씀에 보습을 벼르는데
바람에 무너지는 이삭은 가눌 수 없다
어머니와 통성하는 온전한 시간만큼

젖은 돗자리에 앉아
까치 놀로 날아가는 검은 새떼의
목메는 저녁을 말하고 싶다.

슬픈 성탄

성탄 전날
이 병원은 안되니 서울병원으로 가자 서서
이송 앰브란스를 불러
먼길 가시려 몇 번의
간호원의 숟가락을 물고 그만 숨을 거두셨다
차도가 없이 악화하는 증세를 볼 수 없어
원장과 긴 상담 끝에
병원를 옮기겠다고 했으나 극구 만류하였다
정밀검사 결과 급성폐렴이 전이되어 있었다
의사말을 믿으라던 원장은
진찰이 소홀해서 죄송하다 하였다
골프와 술로 요양병원을 제쳐두고
가정전문의 한 사람에게만 생명을 맡겨 둔 채
밖으로 도는 그가 마뜩지 않았었다
돈벌이와 자기 도락에 소명 의식조차 없는
원장을 탓하기보다 내 가슴을 쥐어 뜯었다
자식을 둘이나 의사로 두고 있는 내가
잘 모시지 못한 책임을 어디다 말하리
고요한 밤 거룩한 밤 성탄의 노래가 들렸다
자책을 짊어진 나는 내게 끌려간다

거룩한 성탄
십자가에 묶인 나는 변명도 가볍지 않은
수형의 길을 걷는다.

의욕과 처지 앞에서

묘석 앞에 앉아 형님 한잔 나 한잔
공무원이었던 아버지는 공무원이던 큰아들에게
종손 되기를 한사코 만류했으나 듣지 않았다

종제宗祭와 종사는 백년을 내다 보고
발로 뛰는 것이라서
종중 일에 애가 탄 형은
직장일에 붙들리면서도
서울에서 시골로 일일이 전화를 해댔다
그런 후부턴 종손 참여 없는 종사가 굴러가지 않았다

직성이 안 풀린 형이 그만 병들어 눕다가
젊은 나이에 문중산에 묻히고 말았다

산골에 돌아와서도 종손 노릇 손 놓을 수 없어
풀지게 지고 가파른 비탈을 오르곤 했다

타고난 짧은 명이 애닲기만 하여
형님께 술 한잔을 권하며
나도 한잔

나비도 한잔

입이 없는 아버지는
술잔을 거부한 채 돌아 누우셨고
마침내는 가슴 뼈가 잿빛으로 흩어졌다

이장

하필이면 긴 장마 우기에
장례식을 치루고
십년 지난 뒤 적막한 봉분에
덧없는 푸른 시간이 무성하다
길일 택해 이장하는 날 예비 한 듯 여우비 온다
해 뜨다가 구름 지다가 떨리는 마음으로 봉분을 열었다.
살은 삭고 함몰된 눈자국
뼈는 거무스레 도열해 있고
이 몇 개 썩은 석류알처럼 떨어졌다
머리카락 몇 올이 봄풀처럼
어린 아들 반겨 나풀나풀 손 흔들어 주신다
하얀 한지 위에 누이고 함을 가만히 안았다
살아 검붉던 피 황토에 스미고
살 떨던 사랑 풀빛 같이 죽으셨다
물푸레나무 잎사귀도
아버지 피 먹고 물비린내가 난다
단정한 뼈마디 반듯이 흩어 누웠는데
묘지 속에 땀 냄새 살 냄새
피 냄새 풀 냄새 속에서
걸어 나오는 향긋한 흙바람

아직도 물고기 비늘처럼 파르르 살아 반짝이는데
묘지 위에 강아지풀 오요요
씨줄 잇는 풍경 속에
산비둘기 대곡하며 가슴을 저미었다.

가을 발자국

머리맡에 노루모 약상자를 묶어 놓고
속이 더부룩할 때 이만한 것이 없다 하셨다
천렵을 다녀와서 심한 혈변을 쏟았다
늑막염이라는 진단이었다
벽에는 대학교수 경력이 붙어 있다
삼일 지나 눈동자가 굳어 갔다
대학병원 소화기 내과로 옮겼다
소장 천공인데 뭐라 늑막염 치료를 했냐고 꾸짖었다
어디서 치료했냐고 물어서 모 내과라고 했더니
입을 다물었다
24시간 내로 왔으면 살릴 수 있는데
지금으로선 장담 할 수 없다고 하였다
응급수술을 받고 깨어났다
그러나 하루만에 수술 부위가 풀리고 말았다
그 뒤로 일곱 차례 수술을 하였으나 이기지 못하고
돌아가셨다
오진과 시간이 빚은 참혹한 결과를 수긍하기 어렵다
추석에 성묘가서
아버지 노루모 탓이라기 보다 과음 때문은 아닌지요
이번엔 술을 올리지 않겠습니다

이놈아 술 없으면 무슨 재미로 사냐
?????......
시간은 굴렁쇠지만 계절풍은 살이 붙는다
무덤 위로 쓰러졌다

누구나 가진 이름 하나

이름 하나 가슴에 묻는 일
슬픔인 줄 몰랐네

초가 이엉 주렁박 열리고
장독대 여는 소리 잠결에 들렸네

모락모락 무쇠솥 김 서리면
고추 된장 보리밥 내온 정성을
감사의 다른 이름인 줄 몰랐네

반짝반짝 옹기에 가문이 열리고
이랑 진 밭 푸성귀 자라는데

호미 장화 벗어 놓고 알 수 없는 구름 나그네
누가 맨 처음 어머니라 불렀을까요

달리 부르면 눈물 바람 했을까요
뒤챈들 올 리 없는 어머니

말을 버리고 바람에 맡겨
가슴 속 흐르는 강물

빛이랑 백 년 주름 잊을 수 없어
두고두고 잘못 후회만 남아

바람서리 미투리 날 새기며 가네.

누이

혼자 시골로 온 누이

어머니 고향
둘러본 죽청리
어려서 살던 원지리

영벽정 푸른 물
책가방 둘러메고 내달리던 강둑
줄어버린 냇물 폭 보았니

아파트 들어
당산나무 입구 500평의 밭
노을을 심는 누이야

가까이 피붙이 살갑지만
무거운 마음은 끌고 간다

신호만 갈 뿐 응답이 없을 때면
걱정이 앞서 손을 놓친다

제발 누이야
오래 건강해다오
전화 잘 받아다오

신화와 목마

문밖에 저녁을 펴는 소리
소식인 양 흰 비듬을 털어낸다
쓸쓸한 그림자들이 동굴로 들어간다
도열한 가로등이 사선의 눈발 속에서
아이의 울음소리에 섞여서 신화가 새어 나온다
책가방에 신화를 숨겨 읽던 날
사람의 얘기 듣고 싶은데 자꾸 신의 얘기
가려워 백두산을 올랐다
오금이 저린 적도 있지만
목마를 걸렀다면 아버지를 미워했을 것이다
무등을 타고 무성한 흰 갈기를 내려다보고
백두산이라 부르는 이유를 알았다
길거리의 기척이 적막으로 빨려 들고
아버지의 귀가가 전례 없이 늦어진다
어머니와 난 신경을 곤두 세운다
한 밤중 주먹 눈이 대문을 두드린다
맥박이 가쁘게 뛴다
이미 자정은 넘는데
먼 곳까지 귀 기우는
어머니와 난 더운 손을 잡는다

천지 빙벽 깨치고 밋밋하지 않을 신화
밤을 달려 당도하기를
기도 깊어 간다

백목련 진다

밤 깊은 시간
휘황한 달
백자등 가지 끝에 밝히고

흰 새 조는 꿈
가지는 일필휘지 하얀 붓
향로 끝에 재다

입던 옷가지
어둠 속 지붕에 올라
저으며 부르는 초혼

혼이여
새처럼 돌아오나

불망의 생전
결별이 아니기를

누이
목련 진다.

플라타너스

호박잎 길을 걸었다
한 잎 고추 된장 발라 보리밥 싸 먹던 시절
해 질 녘 한 소쿠리 한 잎 따 오셔서
사 남매가 먹고 그제야 수저를 드시던 어머니
플라타너스 난 신작로에 파랑새 홀씨 훨훨 날리면
비행기 보내드릴 맘이었지만
하늘 여행 생전 여비로 가셨다
살이면 살, 피 될 피 죄다 내주고
빈 껍질 둥둥 적삼 바람에 떠 갔다
나는 어머니 핏줄로 태어나서
여태까지 무량한 어머니를 먹고 뼈를 이루어
거리를 거닐고 있다
그것도 아무 대가 없이
자식이란 이유 하나 만으로

어린 징 소리

시인들이 종소리의 저녁을 노래하지만
내겐 머리맡에 닿은
징 소리를 잊을 수 없다
초가지붕마다 박꽃이 필 무렵
좁은 마당에 달빛이 강을 달리면
베갯가를 울리던 어린 빰이 떨렸다
이불을 말고 설핏 모잠 들기라도 하면
첫닭 우는 시각을
어머니 머리 단장하시는 짬을
장꽝 뚜껑이 열리는 밥때를 못 기다리고
대숲은 밤새워 수런거렸다
산을 넘어 아련히 우는 바람처럼 울었다
옛날처럼
징 소리 없으면 새벽 오지 않을 듯이
앳된 비몽사몽을 저물 길에 안고 가다니
지잉 지잉 하늘 끝을 울리며
작은 새 가슴을 널뛰게 하다니
아득한 근원의 골짜기
여기에서 저기로 날아간 아무 데도 없는 울림
마음속 그리움처럼
온몸으로 안고 있다.

3

나무 장례식

나무 장례식

귓청을 찢어대는 아침
침묵한 가지가 형장으로 잘리고
뒤집힌 눈이 희멀겋다

한줄기 비라도 내려 줄 하늘은 멀어

눈망울 가에 말라갈 수액이
비릿한 젖향 남기고
해토머리 움트려다 눈뜬 채 감으면

애잔한 주검
누구를 위한 보시일까

그늘진 수목 뒤편 잎맥 위
자벌레는
포목을 재 듯 한땀 한땀 시간을 접는다

무심한 세상의 일들이
실꾸러미로 꼬이다가 풀리다가

생사를 떠나 피어나는 꽃
합장하는 법열의 찰라
장삼 속에 아픔을 접고 간다.

나무 도시에서 죽다

네온싸인이 휘황한 거리
탱탱한 칼날의 전선이
어지럽게 음계를 만든다.

자지러지는 수목
허연 잔등이 옆 산으로 번져
군데군데 칡넝쿨로 덮인다
개발과 자연의 줄달임 속에
영문도 모르고 끌려 온 수목들이
낯선 햇살에 버정거린다

돈 되면 목숨도 사는 세상
텃자리 잃은 나무는 어리둥절 눈만 굴린다
가로수에 팔목을 묶인 현수막이
제 가슴을 치며 펄럭인다

공해와 냉온에 견뎌 낼까
지느러미 같은 불빛이 뜬눈으로 밤을 궁리한다

곧잘 공생이란 치장을 앞세우면서
지하도엔 노숙의 그림자가
불안한 경적 소리에 가로수를 감싸고 있다

불빛이 무섭다
생을 바르게 켜야 할 저울추가
고개를 끄덕이는 날
사람은 도시에서 살고 나무는 가로에서 죽는다는
팽팽한 화두가 오목 가슴에 얹힌다

개미와 게미

길에 버려진 단무지 한 조각
집게로 치우려다
까맣게 엉긴 개미를 보고 주춤했다
거둬야 할 허접으로 여겼지만
그들에겐 몇 끼 양식인 줄 몰랐다
더듬이로 송수신하면서
단단한 턱 치차로 부수어 물고 간다
걸핏하면 부딪히는 마당에
함께를 어떻게 알았을까
스스로 몸 낮춘 미물이
백세를 족히 살며
게미 나는 개미 앞에서
호모사피엔스라 내세울 일일까
하늘이 끓어 말복 평상에서
코 고는 개미가 보는 미개인
쉬지 않고 부지런히 댐을 쌓고 있는 개미 가족
새삼 달리 보였다

오동도

섬 이었다가 섬 아니었다가
일 년에 세 번 동백꽃 핀다
봉오리에 한번 떨어져 한번 가슴에 한번
십일월부터 이듬해 삼사월까지 각혈한다
바닷바람에 씻겨서 울대로 치솟는 핏덩이
시누대 후박나무 보리수나무
종려나무 도토리나무 쥐똥나무
광나무 털머위 결곡한 만류에도
향기도 전에 뛰어내리는 동백의 숙명
등대는 주야로 눈 떴으나
오동나무 반다지 소식 없고
빨갛게 목젖이 부은 피라칸타
뱃머리 멀어진 박각새 부른다
새끼들 올망졸망 커 가는데
바람보다 먼저 서러움에 목젖까지 찢겼다
곁에 선 산다화 한 잎씩 핏물 내린다
흰 동백 수심에 고개 숙이고
봄 되어 산벚꽃 수정하는데
오오 동백섬에 기다리는 님은 오지 않고
동백의 무리 지은 낙화 쪽빛 슬픔만 남아
눈동자 핏물 든다.

신가리 낚시터

플랑크톤이 자라지 않는다

간간히 주인이 발려 주는 사료를 다투며
흐르지도 유장하지도 않는
수조에 갇혀 수백의 친구와 훌쩍인다

사람의 그림자가 어른거리고
낚시 바늘에 매달린 미끼가 허기를 건드린다

어린 것이 덥석 문다
삼키기도 전에 끌려 올라가
땅바닥에 한 생을 버린다

찔린 입이 꼬리말로 퍼덕인다
숨이 가쁜 아가미의 기막힌 주문이 헛돈다
모로 누워도
사료 값이 비싸 배고픔만큼 주는 먹이
바람도 딱해 곁에 와서 물살 짓지 않는다

등을 뒤집고
주검이 되어 떠나는 은종이
탈출하기 위한 미끼를 물어 벗어날 수 있다

사람의 놀이에 생사가 달린
물고기 수용소 비늘엔 매일 노을이 진다

오목눈이 사랑

둥지 엮는 작은 새
알을 낳아놓고 날아 가버린 탁란새
가슴으로 안아
십여 일 후 뻐꾸기알 먼저 깨었다
작은 알 뒤늦게 부화하는데
무례한 뻐꾸기 새끼 한마리
둥지에서
오목 새끼들 죄다 밀어내고
독방 차지 키운 새 보다 커버렸다
이십여 일 지나 햇빛 좋은 날
털 말리는가 싶더니
떠나가 버린 큰 새
먹이 구해 온 양 어미는
내쳐버린 제 새끼는 궁금하지도 않는지
빈 둥지를 보고 놀라 사방을 두리번거렸다
마침내 성경책을 꺼내 읽는다
마태복음 5장 44절
너희에게 이르노니 미워 말자 원수 사랑하라
가난한 자에게 복이 있나니
귀 기울이던 나무들은 할말을 잃어뜨리고

여울은 멈칫 제 갈길을 간다
이슬을 머금은 숲 정령이
어찌할 수 없는 의문에
깊은 한숨을 내쉬는 듯 했다.

우울한 날

몸집이 불어나는 공룡, 병든 날씨의 유랑
십자가 피뢰침이 절절하다
안테나 곁으로 바람의 전선이 현악기처럼 울고
눅진한 시멘트벽 위에 검푸른 꽃이 핀다
흐린 상처에도 무진장 제공하는 하늘의 재료
공기 물 햇볕도 사 먹을 줄이야
바람과 목숨도 사 먹을 것이다.
숲을 컹 컹 울리는 갈퀴손이 다녀가면
설계도 위에서 산 숲은 쓰러지고
잘려 나간 나무에 산새도 불면 한다.
풍경화일까 우주의 고슴도치가 되어 가는 지구
켜진 전구 알 같은 지구
숲이 사라진다면 사막화된 모래 언덕에
바오밥 나무나 바퀴벌레 또 무엇이 살아 남을까
한쪽에서 환경 환경 소리 들리고
방황의 움직임 칡덩굴로 얽힌 날
편리가 불편이 될 개연성
딱딱한 생각 떠오르다 지워진다
눕고 싶어 오는 먹 비
출근하러 불어 터진 어깨가

매캐한 공해 속으로 사라진다.
어둡고 습한 지하도 계단을 터벅터벅 내려가면
허름한 사람 계단 구석에서 둥글게 말리고
깔고 자는 신문지 기사 한 꼭지에
겨울은 먼 곳에서 멈칫거린다고 한다
봄을 기다리는 곳에 수시로 닥치는
추운 벽이 움추려든다

투명이 부른 산새

투명이 화두가 된지 오래다
사랑과 눈물의 회계가 맑아야 했다
진실한 회개가 간절하길 기도한다

교회 외벽도 투명해지는데
유리 벽면에 부딪혀 산새가 추락한 날
찬송가는 내부에서 잔잔히 흘러 나오고
산새는 그곳이 하나님의 성소인 줄 알았다
하나님은 하늘에 계시고 소리는 땅 위에서 울렸으며
유리창은 안으로 닫혀 있다
유리 벽은 열리지 않았다

교회 인도에 새 한 마리 비스듬히 누워
부리 꺾이고 박제 되어 간다
미완의 땅에 살면서
때론 투명한 것이 사망을 부르곤 한다
주님은 생명을
인도하시지만
기울어진 눈금에 올랐던 산 새
죽은 발가락이 열린 가위 틈에

씻겨 뿌리로 내려 간다

멀고 먼 요단은 가까워 오는지
깃 꺾인 날개
엊그제 보건 대학 숲에서 구구구구 울던 것이었는지
투명한 세상을 뚫고 날아간 뒤
차안 산비둘기 습하게 울고
검은 하늘이 종일 흐리다.

제비꽃

제비가 앉았다
슈미즈를 입은 낮달이 수줍게 웃는다

한 번도 오염되지 않는 순결함으로
맑은 이슬에 떤다

며느리 밑씻개 며느리밥풀꽃 말고
스스로 사랑하는 꽃이 제비꽃으로 태어나
슬픈 말 듣고도 지나치는 풀꽃

세상 한켠의 등불로 걸려
아침보다 더 겸허해지려고 낯을 씻는다

평생 한길을 비럭처럼 살다가
절명할 줄 아는 풀
그의 순결에는 눈물이 배어 있다

잔별들을 보고
붉고 위태로운 모습으로
나를 바라 보아 주오

양지 바른 언덕에서
지기 위해 피는 꽃
구애하는 꽃

억새 비

나이테 없이 바래버린 빗자루
한 점 티끌도 허용하지 않겠다는 듯
서창 궁륭을 꼼꼼히 쓸고 있다
습지를 그닥 좋아하지 않는 그들이
물 가까이 다가서는 것은 수만 년 전
강물에 빠뜨린 돌 시계 때문이리라.
왜가리 검은 눈이 뚫어질 듯 겨눈 수심
제 자리에 있을 리 없는 물속의 시간으로
흘러버린 백발
아마 기러기가 군집해서 날아가는
모습을 본 뒤부터였을 것이다
바람 정면에 맞서 중중모리 가락 시공을 매기고
조상 갓머리 하얀 수염이 어질고 끝없는 벌에
부활의 군무 주야로 흔들린다
무슨 약속 남겼을까
차갑고 훈훈한 모시 옷
다순함이 추억처럼 살아오는데
단 벌 뿐인 우매한 생이 무녀리로 스러진다면
쥐암쥐암 어린 마음 한 줌 쓸릴 것 만 같다.
무등 타다 놓쳐버린 시간

전설 흘린 수수께끼 같은 그들만의
비밀은 곡절하게 부른다
어두운 구름 걷어내고 섶벌을 덥히는
매시랍고 훈훈한 울력에
나의 생을 얹어 보고 싶다.

신발에 대하여

파라고 수피가 흘린 수액
파도 건너며 울먹였을 것이다
지구 반 바퀴를 돌아 신발로 태어나
사흘 여드레 장날
뒷축이 끌릴 때
고통스런 바닥이 씻겨도
알뜰히 챙겨 주어 다른 생각 겨를 없었다
고향은 근원 같아서
낯선 동족에 섞여 고물상으로 실려 나가면서
떠나온 곳이 그리워진다
바닥이 헐겁고 물이 새면
건조한 웃음으로 미안해진 얼굴을
섞지 않았다
신발을 만들며 일상이 없었던 사람들
여전한지
동분서주했던 주인은 많은 돈을 벌었는지
이제는 끝인가
마음 졸이는 시간을 돌아보며
다른 길로 간다

만날 수 없는 너에게

눈 밖에 나는 것은 멀다
마음에 밟히는 것은 가시처럼 아프다

배롱나무 무궁화꽃 지는 구월에
얼굴을 내미는 석산아

만져 볼 초록 입술 맞잡을 손가락 없이
벌거숭이로 피어 물들이던

살아서 죽은 내가
살아 이별한 너의 슬픔을 재 본들 무엇이냐

꽃잎을 같이 볼 수 없다니
살아서 만날 수 없다니
한 뿌리에서 태어난 붉은 입술 푸른 뼈

너의 숙명이라면
선운산 목탁 우는 골짜기에 매우 서서
찢겨진 물처럼 웃어 주어라.

10월이 가면

서늘한 팔과 귓바퀴 사이에서
나뭇잎 지는 소리 들린다
오후의 햇볕이 전봇대를 구부려 보도블럭에 부린 날
두근거리는 소문에 누군가 중얼거리며 낙엽을 밟고 간
다
골다공증으로 가로수 사이 길이 드문드문 뚫렸다
젊음의 뒷모습이 방황 속에 태어난 가방 같다
나무도 내지르는 듯 우듬지에 하늘이 파랗게 찢기고
상처로 얼룩진 시간 이겨내는
때문에 가을이 보석을 내놓는다
밤과 낮이 꼬리를 물고
꽃무늬 숄이 하얀 묵언 속으로 걸어가고
섬돌 가지런한 고무신에
동안거의 범종이 다가온다
10월의 나무는 몇 모금의 물로
추운 한철을 별도 같이 견뎌야 할 것 같은

첫사랑

단풍나무를 보는 것은 얼마나 복된 일인가

하늘도 햇빛도 복된 나무와 더불어

얼굴이 붉어짐은 얼마나 천진한 일인가

어릴 적 뒷 모습만 보고도 설레던 나처럼

괜찮다는 갈대

슬픔은 속으로 젖고
노래는 밖으로 파문을 낸다

한 스푼 물기로 푸석푸석 견디는 날을
함께 해도 쓸쓸해 보이는 건

나의 마음에 비친 그림자일까

가느다란 몸짓으로
서걱대는 갈잎 이야기

강물의 흐름에 시간을 읽고
삶이 저 같다면서 기대어 꿈꾸다

가을 기러기 날갯짓에
놀란 강변이 출렁이곤 한다

그때마다 갈대들은 잔등을 감싸며

괜찮아 괜찮아

서로를 다독이며 바람 친 들판을 건너는 걸 보았다

쇄루우灑淚雨

신혼의 달콤함이 일마저 잊었다
견우직녀 수만 광년 은하수 건너
동 서쪽으로 갈라놓은 맘이 안개로 뜬다
이튿날 이별의 붉은 새벽 비 내리고
먼 종소리 일 년 그리움이 눈가에 매달려
달 배가 차오른다
붙잡고 만류하던 아내를 부득이
함경도 산골에 앉혀놓고 내려온
남정네 손 가슴에 못이 박힌다
밀월이 딛고 간 뒤
까만 잔등이 벗겨진 까마귀
기진맥진 버티었다
북두칠성 맞추어 들풀이 넘고
두만강 건너는 새 떼
들꽃이나 날짐승의 일을
나는 하지 못한 채 의심하는 약속
데리러 간다는 빈말을 끌고 간다
장벽을 치우고 가식을 풀고 견우직녀 같이도
일년에 한번이라도 보고픈 마음
오늘도 은하 환한 이마에 감긴다

머나먼 당신

숟가락을 툭 떨어뜨렸을 때

아. 하고 하늘을 보고 드러눕는 우리는
그것이 해와 달이든 시간이든 꽃이든
촛농처럼 흐르고 목이 마르다

자궁에서 유배될 때 앙 하고 터뜨리는
아와 앙은 허공 하나 더 둘렀을 뿐

사라지는 음성과 나타낸 소리는 닮아
주먹 쥐고 나와서 펴고 가는 사이
모르는 생 하나 붙들고
탐하다 놓친 후에야 뒤엎는 그릇

풀잎에 닿은 정화수 이슬 받아
개밥바라기 인연 때문에
이름도 표정도 없이
바닥에 엎드려 비는

머나먼 당신.

들에 핀 꽃이 너의 마음이라면

개나리꽃 댕기가
그리운 사람의 손톱이라면
고즈넉이 내리는 봄비가
보고 싶은 이가 죽어 흘린 눈물이라면
누가 그걸 믿겠는가
낯가림으로 피어 봄길에 우두커니 되어
나도 알 수 없는 연유로
내가 너의 마음을 붙잡는데
네 깊은 곳에
마음은 미모사처럼 우묵하게 오므라든다
봄을 날개로 부르지 말고
새의 날개 아니면 단순히 꽃이라면
남쪽 바람은 아늑하게 올 것을
근원은 별빛처럼 멀리 두고
서로 바라만 보며 풍경이 되어야만 할까
봄날은 가고 있는데.

불편한 사육

공원을 걷다 보면
줄 풀린 강아지가 꽃밭에서 흠흠거린다
향내를 맡는가 했더니 용변인가 보다
인변으로 키우던 개가 사료와 친하기까지
사람들의 탓인 것 같다
이젠 고양이도 쥐 같은 걸 먹지 않는다
사육하다가 사육되어버린 본능의 상실
똘똘아 하고 불러보지만
코를 박고 외면하다가
뒤돌아보는 순간 줄에 묶이어
똥오줌도 맘대로 못하는 세상
끌려가며 뚝뚝 군산 열도처럼 떨어뜨린다.
더러운 세상 하늘을 보고 흰 소리로 앓는다
사람은 교육하지만 개 돼지는 사육된다는 말을 듣고
돌아보는 원망스런 눈
다스리기 보다 지켜달라는

4

달동네의 겨울

달동네의 겨울

하얀 밤 엽서 치는 눈발
언덕길 넘어진다
행인 끊긴 눈포래 길
새벽 바람에 새어 나오는 소리
다락 밭 씨 뿌려
겨울 볕에 조금 조금 자라지만
흙담집 윗목엔 찬바람 색 묻어나
벽 그늘이 떤다
무릎에 물어보는 나이
피붙이 두고 온 맨몸이
맵지 않은 날 없었던 것
그리움은
눈꺼풀에 젖은 추억으로 내리고
몸 기댄 짐수레에
일거리가 헐렁해진 겨울
어둡고 가려운 밤이 떨어진다
세숫대야에 개밥바라기 언 별이 얼어
다가올 집세
추운 별에 얹혀 잠을 설친다

궁금한 말

그림자가 내 이마에 내리면서
꽃도 그늘이 있음을 알았다

새들 노래에 마음을 실었다
새족처럼 내 다리가 가늘어지면서
새도 운다는 것을 알았다

아파도
바람에 묻을 뿐
소리 내지 않는 나무
울며 돌아가는 새의 뒤태가
저녁의 품속으로 사라진다

난해한 고어 같은
새들의 발성 꽃의 말
표정과 경문

심장에 꽂혀도 푸른 비수 비백이 되는
꽃과 새
그리고 사람들

말테우리의 꿈

초침이 정점에서 한점으로 모이고
그림자 희미하거나 소멸된다
소실점에서 마음은 한껏 빈 적막에 놓인다.
가까이 나를 두고 묶어 두는 그림자가 무섭다
물렁뼈가 굳어지기 전 모를 일이어서
붉은 꽃이 지고 서별이 뜰 즈음이면
시간의 그림자는 긴 꼬리를 늘어뜨리고
반소경처럼 먹먹한 무릎이 사라진다
투명해지는 귀가 구두점 밖으로 가만가만 쓰러진다
어젯밤 꿈으로 나타난 얼굴
어슴푸레 출항을 서두는 윤슬이 떠 오는 게 보인다
지워지지 않는 밤의 꿈을 내려놓고
현무암 지대 고갯길 따라 깊은 호흡으로 숲에 오르면
이슬 털고 날아오르는 목향이 정신을 깨운다
그림자도 길게 기지개 펴고
숨을 그러모아 파랑을 밀어 올리는 고래 등이 반짝인다
태생인 삼다도, 바람 잔잔한 날 없는 탐라도 제주
새까맣게 그을려 숭숭 구멍 뚫린 돌무더기
저들끼리 껴안고 사철 퉁소 소리 겨워 낸다
새벽 동트기 무섭게 물질 나간 해녀들의 숨비소리

후이 후이 휘파람 소리 대대로 이어 온 전설 들린다
말잡이 안장을 얹는다 말구렁 잡은 허름한 행색
지난밤 꿈 흉몽일까 일터로 내 닫으며
말발굽 소리에 어둠을 날려 보낸다
홑바지로 견딘 훈훈한 겨울은 옛 얘기
무명지 내밀 봄 해오름 오르는
오랜 담살이 눈빛이 반짝인다.

무직자

인적이 저녁처럼 뜸하다
일당 팔만 원을 받고 파했다
예약 없는 귀가에
내일을 모르는
진눈깨비 내린다
젖은 작업화를 벗어 발을 말린다
벨이 조용하다.
상처엔 좌판 남기고 가신
어머니의 발라준 침이 명약이었다
가끔 거친 손으로 발라주던 된장
공부 싫어 집 나간
외아들 찾아 사방으로 헤맸던
돌아가신 어머니의 눈이 내린다
성인 되어 차린 속이
헤아릴 수 없는 눈발 속으로
걸어 들어간다
분간할 수 없는
소리 들렸다 사라진다
구급차 소리 울리고
아무렇지도 않게

저녁은 굶은 아이 대하 듯
함박눈은 푹푹 내려
덮는다

사라진 지문

- 어느 겨울을 위한 노래

낮은 곳으로 발자국을 지워 간다
지우면 부리와 촉각은 예민해진다
밀리는 건지 미는 건지 모래 흔적이 지문을
망각한다는 건 오답일 것이다
소멸도 확인돼야 삶을 통과할 수 있는 것
구름과 모래무지는 지문이 긴요하지 않다는 걸까
열 손가락 끝에 지문을 잃은
뭉근한 그믐달을 보고
당황한 여인이 고개를 떨구고 간다
끌고 온 자그마한 바퀴 질통이 출렁거리고
유리알 같은 박꽃 신발이 들어간 순간에
가로에서 부딪히는
굉음과 행인의 눈에 비친 핏빛 떨림
길 위에 거리의 눈이 쏠렸다
잠시 떨리다가 발끝에서
멈추어 버린 기막힌 풍경이 웅성거리고
최후에 검시가 끝나면 사건을 남긴
신문 쪽 면의 하루도 저물 것이다
무학도 무지도 소용없는 무언의 자유

끌고 가다 끌리다 누워버린 겨울
세기말적 가난과 격차가 끝나지 않는 오늘
헐벗은 맨발의 사족이 장의차에 쓸려가며
햇볕 한쪽을 받아내고 있는
감각 끝에서 무작위로 핏꽃이 핀다.

시간을 만지다

시간이 레일 위로 사라진다
저항하지 못하는 뿌리가 되어

어스름에 감추고 싶은 속내가 치기로 드러난다
흔들리는 것은 날빛이 분광하는 지느러미
모공을 뚫고 나온다
번지는 전율의 근원을 내성도 견딜 수 없나
마감을 앞 둔 까치 놀이 검붉다
송출 해야 하는 여생을 담보하고
잘 익은 땅거미에 하루를 울먹인다

뿌리에서 우듬지로 가는 외눈박이
네모진 달빛이 구름을 떼밀고
하얀 산갈기를 내려다 본다
불회귀선 링거에 기력을 보충하지만
끝에서 들려오는 가느다란 현의 살떨림
바람결에 비가로 온다

안개꽃 어금지 거금지 속에 노란 후리지아 실리는데
혈연도 입맛 다시는 육지의 섬

깡마른 북어 같이 상실한 눈을 던지며
실낱 같은 날을 지워 가는 사람들이 산다
남는 것은 영혼 단지 하나

고독한 요양원.

디아스포라

충만의 기억이 아득하였다
영혼에도 결핍이 있다면
베먹힌 보름달은 아니다
바닥에서 살 붙이려면 만기로 떠나야 하는 사람들
가다 보면 거미줄도 동아줄로 얽힌 날이 많았다

상생의 경계에서 불안한 한 끼는
간절한 틈새에서 단단해지지만
매지구름 막아서면 유목이 어려웠다
고국을 찾아 떠나왔지만 지금은 국적이 달라진 그들

공단을 매개로 뭉쳐
신기루의 고비 사막을 걷는
먼 길 외로운 군상처럼
낙타 고삐가 팽팽히 당겨진다

고국에 남긴 피붙이를 눈에 두고
밝은 길을 찾는다
모래 밥이 씹힐 때 눈물은 달고
바람벽에 웅크린 한뎃잠은 식지 않았다

마다하지 않는 힘든 노동, 생생한 사투
생존의 노역이다

기저 산업, 섬과 뭍을 잇는 연륙교
노동의 빈 아궁이 지펴 가로등이 밝다.
거친 일상 이웃된 사람들
야무진 입술 파초 같은 눈썹이 견고하다

주인 없는 연장

들판이 눈뜨기 전
보습을 챙겨 들고 길든 소가 앞장선다
허리의 푸른 날이 삽날과 함께
집안의 지붕 되고
땅은 수고한 이에게 보답한다는 믿음으로
낫을 잡는다
무게가 주는 삽과 호미와 낫의 몸
논밭의 속살을 읽다가
대지에 묻히게 될 허우대
구름 영혼으로 다가간다
단단한 쇠도 삭는 목자루
농부의 관에 와서 허리가 쉬나
뒷곁에 쓰러져
주인도 자신의 존재도 잃어버린 삽과 호미
떨어진 단추와 연장이
빗물에 망연히 흘리는 눈물은
낫을 들고 호곡한들 별도 아득한
무명의 밤으로 잠긴다
통섭의 나날
사람이나 연장이나 음표를 심는 것은

대위법적이든 화성적이든 미완의 악곡
지문의 인증샷으로
압축하고 묻혀야 할까
생쥐도 외면하는 그들의 외관
손 놓친 먼지가
눈썹에 쌓인다.

수화手話

얼굴에 묻은
까시래기를 닦아 주는 여자의 손

졸리운 버스 불빛
어둠이 내리고 남녀가 오른다
좌석에 나란히 앉아 말이 없다

여남은 정류장 지나 손짓 눈짓하더니
불빛 환한 상가 앞에서
손잡고 내린다

창밖을 배도는 수상한 구름
비 뿌리면 말의 우산도 없이
거친 대처를 어떻게 건너 갈까

말들이 시시각각 뒤집히면서
보이는 것을 앞세워 껍질로 우기면
세상은 훨씬 더 멀어져 있는데

등 뒤에 등이 있고 바람 뒤에 바람이 있다

비가 내리고
윗옷을 벗어 주는 모습
두어 정거장을 지나쳤어도 젖은 밤길이 춥지 않았다.

가을 속 가실이

가을엔 가는 것이 많다
논배미 모 심으면 밥 왔네요
구름 같던 가실이가
못줄을 놓고서 산마루에 잠기고
젊어서 혼자 된 만수는
모 한줌 눈물 한 방울 심다가
허리 펴서 산을 바라본다.
지금은 기계농을 하지마는
그때는 놉 얻어 품앗이하던 때였다
아들 하나 갖자고 공들였건만
산후통으로 가고
홀아비라는 놀림에 돌이 되어
아이와 나는 벼 포기 같이
고개 숙이고 산다
봄이면 약비가 되고 벼 벨 때쯤이면
산을 내려와 손을 잡아 주는 가실이
삐비꽃 추억 속에 억새꽃 높이 날고
하교길 달려오는
딸의 모습이 지어미 같다.
이놈 시집 보내고 나면 억새처럼

거웃은 하얘질 텐데
딸내미는 흙 묻은 가슴에 안겨든다.

달을 세稅로 얻을 수 있다면

별바라기 아파트엔 해가 곁눈질로 지나갑니다
높다란 부딪침으로 월곡 산정의
그늘은 오래도록 몸둘레를 내렸습니다
삐걱거리는 엘리베이터가 가쁜 호흡으로 늙어 가며
맷비둘기의 신음이 이방 여인의 젖가슴을 앓습니다
불편한가요 대책 없는 질문에
아파트를 계약했거든요
천상산맥을 오르던
라마의 흑구슬 같은 눈이 되돌아 봅니다
부부가 아쉬운 나도
근근히 월세를 다 지어 낼 수는 없었습니다
어쩌자고 입하에 찬비 내리고
부족함이란 가난 죄목 없는 법을
10평 1105호에 우겨 넣습니다
순간 순간의 생명이 온전한 것임을
전각 기호로 새깁니다
잘려 나간 두 손가락 몫을
여덟 손가락이 서로 나누어지고
조심 조신 투명하게 유리컵을 닦습니다
물 한잔에 초췌한 사람이 보이고

수경에 반딧불이 아직 살아 있습니다
무명으로 버려서 찾을 수 없는
엄지 검지 두 마디 가지에 동박새 울고
찔레는 갈라진 땅에서 찔레찔레 돋아날 겁니다.
혼자 먹고 쓰러진 밤
별빛 수척한 방에 육십 촉 불빛을 켜고
동굴 속 공황 장애 목련을 기다리는
불면의 밤입니다.

낡은 의자에 대하여

바람에 가을이 묻어 있다
퇴락한 공원
먼 길 돌아온 바람이
먼지와 낙엽 몇 장 얹어 놓고
목책 뒤에서 잠버릇하는
물푸레나무 가지를 흔든다
이빨 사이가 성긴 햇살이
노파의 소식을 밟고 갔는지
시나브로 오가는 청설모는 눈이 커졌다
가망 없다는 말 아랑곳 않고
불안하게 견뎌온 시간
고치기엔 삭아버린 회색 그늘에서
몸 부리고 싶은 날 있었다
따뜻한 햇볕에
거절하지 않고 내어 준 잔등
풀려가는 몸이
자꾸만 뿌리로 뿌리로 내려가
사진첩 무릎이
바람을 따라가는 것 같다
모이를 놓고 가는 노파

앞발을 비비며 합장하는 청솔모
지나온 기억을 떠안고
지상의 기록이 그만 자리를 뜬다
사람들의 머리에 잔상이 남아
잠겨서 잠자는 것은 아니었다

소리의 죽음을 보고

도시의 창문이
젖은 뭇별을 받아 낼 때까지
녹색 구름 속에서 폭포처럼 쏟아내는 벨

혼탁한 거리에 시원한 시냇물 베르벨 소리 요란하다
한 철 떨리고 싶은 생의 무게가 수년 칩거를 견뎌내고
길 위에 찍히는 타임 데시벨
여름의 문을 여닫는 종소리처럼

무분별이 길러낸 계절 없는 꽃이 마구 흔들린다
당황해하는 습습한 밤을
세상 벨이 계속되는 경고음을 무시한 채
집을 두고 거리를 목마른 지렁이 마냥
비틀 비틀 걸어간다

켜켜이 허물 걸어 소신 공양한 한 철 뒤
먹이나 먼지로 사라지는 아픈 아름다움을 보면서
허무와 허물을 구더기처럼 등에 지고 간다면
민망한 입성을 부처가 거부할 것이다

해인사 돌피에 덮인 갈푸른 이끼
천 년을 향기롭게 닿는다면
붉은 사구 벼랑길 손 뻗다가
가을 담쟁이 같이 고르로이 놓인다면
바람 사나운 눈도 한둘 띠 풀 구덩이에
순한 바람으로 얹힐 것인가

나무 등걸에 가려
폭염을 씻어내는 점 쓰르라미
숨 가쁜 문명의 더위를 식히러 왔다가
발아래 떨어진 낙엽과 더불어 누구를 찾아
부끄럼 많은 사람과 달리 무덤 파지 않고
빛바랜 날개 의연히 자연 풍장에 맡기나

바스락 바스락 실려 가는 너도밤나무 아래
실려 가는 소리의 죽은 날개
만장을 두른 개미 떼 긴 행렬이 기우뚱거리며
여울처럼 떠간다.

말을 묻다

경북 예천군에 흉흉한 마을 있었지
문중 사람들 언총에 모여 날카로운 말
구덩이에 묻곤 했어

어떻게 말할까 어떤 말을 하느냐
말이 앞서기보단 정제된 언술이 따뜻하지
뱉어 버린 말 중에 말 무덤에 묻어야 할 말 있나
종종 가슴에 손을 얹고 물어보지

눈 오는 오늘은 대관령이 말 묻고 있는 것 같아
경계 없이 북산에 송이눈 내리고
하늘 새는 길금을 긋지 않지
평화 자유라는 말 사랑한다는 말
스친 헌사라도 유효하지

언총 밖 소문이 말의 소비처럼 떠돌고
도라산 밖 풍문이 바람처럼 손짓해도
내일은 어떤 길이 이 길을 당길 텐가

쇠도 섬뜩한 말도 훌훌 묻어 버리고
자유한 산과 들을 날아
들꽃과 산새처럼 가고 싶네

어쩌면 연꽃 밭 서호

어쩌면 거울이 아니라 어미 같은 우물이었다

여름내 후끈하던 소금쟁이 연꽃 밭을

떠밀리지 않게 억척으로 막아 섰다

하늘 끝으로 꺾인 아파트 사이로

물지게 나르던 둑이 저수지를 만들었다

발길 아래 철길이 놓이지만

옛살비 놀던 흐려진 뒷골목은

번지로도 찾을 수 없어

지팡이가 더듬어 가는 길

연꽃은 둥근 언어로

손을 내밀고

인파는 남실

벚꽃 한 철이 꽃구름처럼 떠 간다.

어린 마음

쑥부쟁이 널린 하늘

개개비 뾜뾜이 흩고

플라타너스 그림자 어슬 해질 때까지

복도 끝 풍금 소리에 홀려 계단 턱에 앉았다

교실 문이 쓰윽 열리면

들킨 사람 마냥

부리나케 달려

어머니 가만 부르면

문 따주던 어린 날

나의 귀는 여기서 미완 되고

시작詩作은 이때부터 작은 노래를 읊게 되었다.

| 작품론 |

삶의 관조와 생명성, 휴머니즘의 미학

- 임린 시집『시(時)와 시(詩)』

강 경 호
(시인, 한국문인협회 평론분과 회장)

1.

인간은 태어남과 죽음 사이에서 존재한다. 이것을 삶이라고 한다. 시인은 태어남과 죽음의 간극에서 끝없는 질문을 한다. 실존의 방식과 자신과 공동체를 이루고 있는 가족과의 관계성, 그리고 자연과 인간과의 상생방식인 생명성 탐구, 중심으로부터 이탈한 사람들의 삶을 살핌으로 해서, 인간과 인간 간의 관계성과 자신의 실존에 대해 사색하고 새로운 삶의 방식을 모색한다. 가족에 대한 연민과 측은지심은 물론이고 세계로부터 소외된 사람들에 대한 관심은 시인이 본질적으로 휴머니즘을 지향하고 있기 때문이다. 그러므로 인간과 자연과의 관계를 설정하고 인간의 탐욕에 대한 실존방식에 대해 성찰하는 태도를 보여줌으로써 보다 인간다움을 지니고자 한다.

이러한 배경에는 탐욕과 결핍, 그리고 자본주의 시스템에 의해 작동되는 현대자본문명의 그늘 속에서 불안을 견디는 연약한 인간 존재의 실존의 몸부림이 있다.

임린 시인의 시적 발화는 바로 이 지점에서 출발한다. 그러므로 그의 시는 시인 자신만의 문제가 아니라 현대를 살아가는 모든 사람들의 문제여서 공감영역이 확장된다.

2.

서정시는 시인이 마주하는 시대의 현실을 반영한다. 현실은 늘 불화와 모순이 존재하기 마련이다. '시대의 안테나'라고 할 수 있는 시인은 현실의 제문제를 발견하고 수면 위로 띄워올리는 사람이다. 그런 까닭에 시인을 일러 '예언자'라고도 한다. 그럼에도 불구하고 시인은 나약하다. 어떠한 형태의 권력도 갖고 있지 못하기 때문이다. 그렇지만 시인은 자신의 역할을 충실히 하는 무던하고, 보기에 따라서는 어리석은, 순진한 아이를 닮았다. 이렇듯 시인이 시대의 그늘을 발견하고 제 목소리를 내는 내적 에너지는 인간과 인간과의 관계를 살피면서, 시인 자신의 삶을 살피는데서 연유한다. '인간은 사회적 동물'이라는 명제가 말하듯 서로가 관계 짓고 있는 공동체여서 그 관계의 본질을 묘파하고자 한다. 그러므로 시인 자신의 모습을 근원적으로 살필 수 있다.

저 속에 타자가 웃고 있다
나인 것처럼 웃으나 실은 허상의 그림자다
나는 웃지만 속으로 울고 있다
가면의 세계가
위악을 증폭시키는지도 모른다
범벅이 된 사실과 진실을 칼로 자르듯
논픽션과 픽션을 가리는 일이 가능할까
마음을 모르는 거울이 표정만 반사할 뿐
매일 아침 오늘은 신나는 일이 있을 것처럼
거울 앞에서 얼굴을 매만지는 것이다
언젠가 깨질 거울과 나의 안팎을 감싸고
해명에 대부분의 시간을 바친다
말과 표정, 마음이 따로 가는 생이
가식과 페르소나를 남발하면서 울고 웃는다
달빛을 반사하는 둥근 허구 같은 추석이다
너에게 웃으면 웃어지듯
오는 것 반갑고 가는 것 반가운
가면 서운하고 오래 머물면 버겁다는
나는 부서지지만
세상 거울은 깨지지 않는다.

-「거울의 페르소나」 전문

페르소나Persona는 원래 연극에서 쓰이는 탈Masklchanacter을 뜻하는 라틴어에서 비롯됐다. 개인이 사회적 요구들에 대한 반응으로서 밖으로 표출하는 공적 얼굴이다. 실제 성격과는 다르지만, 다른 사람들의 눈에 비치는 한 개인의 모습을 의미한다. 흔히 서양의 가면무도회에서 자신을 감추고 탈의 모습으로 또 다른 자신을 드러내곤 하였다. 「거울의 페르소나」에서 화자는 거울을 바라보며 거울 속에 비친 자신의 모습을 '타자'로 인식한다. 거울에 비친 자신이 "나인 것처럼 웃으나 실은 허상의 그림자"라고 하는 것이다. 인간의 내면에는 두 개의 모습이 있다. 서로 갈등하며 진정한 자신의 자아와 만나고 싶어 한다. 그러나 현실의 유혹은 두 개의 모습이 하나가 되지 못하게 한다. 현실과 진실 사이에서 갈등하는 모습 때문에 화자는 "나는 웃지만 속으로 울고 있다"고 진술한다. 여기에서 거울 속의 내가 웃고 있지만 진실을 외면하고 있는 탓에 울고 있는 것이다. 이것은 인간의 본성이 진실을 향하고 있기 때문이다. 더불어 웃고 있는 나는 진실된 나의 모습이 아닌 까닭에 자신이 탈을 쓰고 있다는 사실에 속으로는 울고 있는 것이다. "매일 아침 오늘은 신나는 일이 있을 것처럼/거울 앞에서 얼굴을 매만지"지만 대부분 "말과 표정, 마음이 따로 가는 생"이다. 이러한 이유로 화자는 "가식과 페르소나를 남발하면서 울고 웃는다"고 토로한다. 이 작품에서 '거울'은 매우 중요한 기제로 작용한다. 거울은 실제의 거울이기도 하면서 '세상거울'이다. 실제의 거울은 자신의 모습을 현상적으로 비춰주는 것을 말하며, 세상의 거울은 인간의 욕망이 만든 사회구조를 가리킨다. 두 개의 상반된 거울 사이에서 화자는 갈등한다. 실제의 거울은 깨뜨릴 수 있지만, '세상거울'은 욕망이 만든 거울이므로 어느 개인이 쉽게 깨뜨릴 수 없다. 거울이 자신을 비춰줌으로써 화자는 거짓된 자아와 참된 자아를 구분하게 된다. 그러므로 실제 현상적으로 모습을 비춰주는 것 뿐만 아니라 아침마다 바라보는 거울은 진실된 나와의 만남, 즉 탈 이면의 참된 자아를 만나게 하는 동기를 제공한다. 그런 까닭에 이 작품에서 화자가 거울 속의 페르소나를 통해 진정한 자아를 만나고자 한다.

「갠지스 강의 구상도」는 인간의 본성과 근원적인 자아에 대한 사색을 하고 있다.

강 가 불타 불티 올라
구상도의 계단 가장 낮은 곳에 발목을 담그고
뼈의 구릉 하구를 이룬다
불꽃 디아도 릭샤에 부딪힐까
십사억 인도의 신비
물비늘 그늘에 날아드는 흰 재
그 사이로 흰옷은 어른거려
강물에 목욕하는 사람
정좌하고 명상하는 사람
미처 다 태우지 못한 주검을
강에 흘려보내는 사람
힘겹게 몸을 트는 수천키로 강줄기는
원소로 환원하는 피안의 세계로 흐른다
물질의 잠에서 깨지 않음으로

비로소 아침을 맞이할
물화 된 사과가 하트 모양으로 축조된다
피안과 차안의 경계를 따지지 않는 그들
삶 속에 죽음이 있고 죽음 안에 삶이 있는
사라의 탯줄 속에 무슨 꿈이 서릴까
강의 길이만큼이나
따가운 불티만큼이나
몸에서 불로 물에서 흙으로 다시 태어나
보이지 않는 것을 보게 될 옷 벗은 영혼
저리 니르바나로 가는 여정일까

-「갠지스 강의 구상도」 전문

인도에서 갠지스강을 '어머니의 강'이라고 여기는 것에서 알 수 있듯이 힌두교를 믿는 인도인들이 가장 신성하게 생각한다. 이 작품의 배경은 갠지스 강이다. 그곳에는 "강물에 목욕하는 사람/정좌하고 명상하는 사람/미처 다 태우지 못한 주검을/강에 흘려보내는 사람" 등으로 붐빈다. 강에서 이러한 행위를 하는 사람들의 모습은 모두 신성한 종교의식이다. 힌두교에서 갠지스강에서 몸을 씻는 의식은 기독교에서 세례를 받는 것처럼 거듭 새롭게 태어나는 의식이다. 정좌하고 명상하는 것도 정신을 맑게 함으로써 흐트러진 마음을 가다듬는 행위이다. 특히 죽은 사람을 화장시켜 강물에 띄우는 것은 "몸에서 불로 물에서 흙으로 다시 태어"난다는 종교적 신념에서 비롯된 행동이다. '니르바나'는 모든 번뇌의 궁극적인 목적이기도 하다. 이러한 주체를 화자는 "보이지 않는 것을 보게 될 옷 벗은 영혼"이라고 하고 있다. 그러므로 사람이 목숨을 다하게 되면 "물질의 잠에서 깨지 않음으로/비로소 아침을 맞이할/물화 된 사과가 하트 모양으로 축조된다"고 한다. 이 작품은 궁극적으로 죽어도 죽지 않고 새로운 생명으로 태어나는 영원한 생명성을 노래하고 있다. 이러한 주체는 "피안과 차안의 경계를 따지지 않"고, 새 "삶 속에 죽음이 있고 죽음 안에 삶이 있는", 즉 삶과 죽음의 경계를 넘나드는 존재라고 규정하고 있다.

삶을 관조하며 실존방식에 대한 모색을 보여주는 작품 「쓸쓸하고 씁쓸한 것」에서도 삶의 본질을 묘파하고 있다. '쓸쓸함'과 '씁쓸함'의 감정을 부정적인 의미로 여기지 않고 '희망'이라는 긍정적인 의미로 읽고 실천적 덕목으로 이해한다. 임린 시인의 시편들에서 특히 불교적 사유를 많이 보이는 것은 시인의 정신세계가 거기에 닿아있으며, 세계관의 중요한 축이 되고 있다는 증거이다. 「다비」는 고승의 다비식을 통해 허무를 그리며 '서천 가는 새 한 마리' 같은 존재가 인간임을 탐구하고 있다. 「영혼이 맑아지는 시간」에서는 보름달이 떠 있는 시간을 "부처의 영혼이 부도의 사리에서 깨어나는 시간"으로 바라보며 "만물이 정적에 있고도 없는 것 같다"고 한다. 이러한 현상을 '몰아沒我' '물아物我', 즉 자신을 잊고 있는 상태라는 인식을 하고 있다. 더불어 "망각과 해탈의 경계에서 굽은 것이 한 아우라로 펴"진다고 함으로써 존재방식을 불교적 상상력으로 드러내고 있다. 「미륵의 노래」는 고대 문화재를 발굴하여 출토된 유물들을 통해 그 시대를 살았던 사람들의 흔적을 들여다보기도 하고, "삶은 결코 만만치 않아/여러 갈래로 흩어지지만/탑의 정신 화엄의 말씀"만이 남아있음을 되새기며 삶의 근원을 살피고 있다.

3.

현대자본문명 사회는 인류역사상 어느 시대보다도 물질적 풍요를 이루고 있다. 그럼에도 불구하고 여전히 인간을 도구화 · 사물화 하고 있다. 끊임없는 탐욕 때문이다. 이러한 시대에 가장 안전하고 따스한 기초공동체인 가족조차 물질적 토대를 근거로 해체되고 있는 추세이다. 우리나라가 선진국에 진입하였다 해도 부를 축적한 계층은 더욱 물질적 가치를 탐하고, 가난한 사람들은 빈곤에서 헤어나기 어려운 사회환경이다. 이러한 현상은 갈수록 심화되고 있어 여러 가지 문제를 야기하고 있다. 자본주의 시스템이 작동하는 사회구조에서 젊은 사람들은 그들대로 노인들은 그들대로 빈곤에서 자유롭지 못하다. 더불어 청년인구는 줄어들고 노인인구는 넘쳐나는 기이한 현상이 일어나고 있다. 물론 이러한 현상은 우리 사회의 모순에서 야기되고 있다. 그러다보니 사회적 제문제들이 우리 사회를 불안하게 하는 요인으로 작용하고, 건강한 공동체가 좀먹고 있는 실정이다. 예로부터 집안이 건강해야 우리 사회도 건강해진다고 하였다. 그랬을 때 이러한 오늘 우리 시대의 제문제들을 해결할 수 있을 것이다.

임린 시인의 일련의 시편들은 가장 작은 공동체인 '가족'에 대한 애틋함과 연민이 깃들어 있다.

> 어려서 앞도 가리지 못했던 시절
> 빨랫감을 개키던 어머니는
> 잠투정을 깨워 소변을 누이곤 했다
> 쉬 하는 소리에 터진 줄기가 헛방을 나가면
> 쭈쭈쭈 고추를 말리고
> 엉덩이와 배를 가만가만 두드려 주셨다
> 그래서일까 쉬 소리에 길들여져
> 쉬 소리 같은 시가 시골 뒷산
> 대숲 바람이 되어 귀에 붙는다
> 아내의 시간에 돈 되는 일로 핀잔을 듣지만
> 건네다 본 먼 하늘은 별을 키웠다
> 가다가다 사는 게 막막 강산일 때는
> 이따금 부모님 잠든 산 숲을 찾아
> 새소리, 꽃 내음에 흠씬 젖다가 어둑발로 끌린다
> 어머니의 토닥거림은 푹신한 뭉게구름이지만
> 아득히 안는다
> 흩어진 마음 다잡지 못하고 꿇은 무릎
> 어르는 어머니 말씀에 보습을 벼르는데
> 바람에 무너지는 이삭은 가눌 수 없다

어머니와 통성하는 온전한 시간만큼
젖은 돗자리에 앉아
까치 놀로 날아가는 검은 새떼의
목메는 저녁을 말하고 싶다.

-「쉬 소리는 시 같아」 전문

이 작품에는 두 개의 시점이 있다. 과거와 현재가 그것이다. 과거의 시점에는 어린 화자를 돌봐주던 어머니와 아내의 시간이 있고, 현재의 시점에는 이러한 과거를 회상하는 화자의 발화 지점이 있다. 서정시는 모두가 과거에 일어난 정서적 사건들이다. 그런 까닭에 서정시는 과거의 기억 속에서 특히 인상적이었던 것들을 오래 묵혀두었다가 정신적 · 정서적으로 숙성시켜 상상력을 통해 새로운 인식을 부여한다. 어린 시절 어머니는 잠투정하는 화자를 깨워 소변을 누이곤 했다. 오줌발이 헛나갈 때면 어머니는 "쭈쭈쭈 고추를 말리고/엉덩이와 배를 가만가만 두드려 주셨다" 그러면서 '쉬' 소리를 냈다. 유년에 소변을 누이던 어머니의 '쉬' 소리를 여지껏 기억하는 화자는 '쉬' 소리가 마음 깊은 곳에 남아 있다가 "쉬 소리 같은 시가 시골 뒷산/대숲 바람이 되어 귀에 붙는다"고 고백한다. 마침내 쉬를 누던 화자는 시인이 되어 시를 쓰고 있다. 돈이 되지 않는 시를 쓰는 일 때문에 아내에게 핀잔을 듣기 일쑤이지만, "건네다 본 먼 하늘은 별을 키웠다" 이 작품은 유년에 어머니가 아들의 소변을 누게 하던 '쉬' 소리가 동음이어서 시(詩)로 변용하는 과정을 보여준다. 그리고 시인에게 '별'을 키우게 한다. '별'은 '참되고 맑은 영혼'을 말한다. 때로 살다가 눈앞이 막막할 때는 부모님 산소를 찾아가 "새소리, 꽃 내음에 흠씬 젖"는다. '새소리' '꽃내음' 또한 '맑은 영혼'의 다른 말이어서 화자가 삶과 시의 일치를 꿈꾸고 있음을 짐작할 수 있다. 임린 시인이 왜 시를 쓰는지를 극명하게 짐작하게 해주는 대목이다. 어머니의 묘가 있는 산에 있으면 "어머니의 토닥거림"이 느껴진다. 이승과 저승의 간극을 뚫고 어머니와 화자가 뭐라고 이야기를 나눈다. 저녁 노을이 내리는 때까지 어머니의 묘 앞에서 그저 목이 메인다.

이처럼 '어머니와 아들'이라는 가족의 관계성은 죽어서도 끊어지지 않고 이어지는 것으로 뜨거운 마음들이 가족이었던 것을 규명하고, 가족의 유대관계가 건강한 생의 기틀이 되고 있음을 말해준다.

「눈썹 하나 차이」 역시 부모님에 대한 애틋함과 슬픔의 정조를 동시에 드러내고 있다.

하늘엔 애별이 없다
갈무리 잘하고 길 조심 하여라

꿈이 다리처럼 길었다
일터에 다다르니 입구가 막혔다

달력도 잠들었던지 오늘은 휴무일이다
등 뒤로 우묵한 땀이 흘러 내린다

어젯밤 꿈을 떠올리며
물고기 같은 생시를 찾아서
영산강 근처 비석산을 오른다

걱정만큼 눕는 풀잎
강아지풀 봉분에서 먼저 반기는데
변명 같은 등 뒤가 아리다
그림자는 제 꼬리를 골목에 버려진 개처럼 쓸쓸하다

이리도 먼 이승과 저승의 길
머리에서 발 끝까지 만날 수 없는
부모님 꽃술이 하늘 끝으로 날아가
소리 내어 짖지도 못하고 무릎을 꿇었다

-「눈썹 하나 차이」 전문

시적 화자는 "하늘엔 애별이 없다"를 전제하고 작품을 전개한다. 하늘에서는 사랑하는 사람과의 헤어짐이 없다는 말에서 '하늘'이라는 공간성은 '이별 없는 세계'를 말한다. 화자는 아직 지상에 있고 부모님은 이 세상 사람이 아니어서 하늘에 있음이다. 물론 '하늘'이라는 공간성은 인간이 부여한 '영원성'을 함의하는 고처이다. 그럼에도 사람이 죽으면 지상을 떠나 하늘로 간다고 믿고 싶은 것은 죽었어도 죽지 않았다는 욕망에서 기인한다. 불교에서는 인간관계를 차안此岸, 현실 밖의 세계인 피안彼岸으로 나눈다. 이 작품에 이를 적용하면 차안과 피안이라는 공간에는 각각 화자와 부모님이 있다. 화자가 부모님을 만나지 못하는 감정을 토로하고 있다.

화자는 밤에 꿈을 꾸었다. "일터에 다다르니 입구가 막"힌 답답한 꿈이었다. 그래서 화자는 "영산강 근처 비석산을 오른다" 그곳에 부모님 봉분이 있다. 그렇지만 살아서 만나지 못하기 때문에 각각 차안과 피안이라는 공간에 있어 "이리도 먼 이승과 저승의 길"이라고 화자는 안타까운 마음을 내비친다. 부모님의 봉분을 찾아가는 여정에서 뒤숭숭한 꿈 때문에 시름에 겨운 화자의 시선에 "걱정만큼 눕는 풀잎/강아지풀 봉분에서 먼저 반"긴다고 한다. 봉분에 다다른 화자는 부모님께 "변명 같은 등 뒤가 아리다"고 한다. 자주 찾아뵙지 못했는지 아니면 또다른 사연이 있는지는 이 작품 속에서는 나타나 있지 않지만 부모님께 죄송하고 불편한 마음이다. 그리고 "소리 내어 짖지도 못하고" 울음을 삼키며 봉분 앞에 죄인처럼 무릎을 꿇었다고 함으로써 죄스럽고 비탄한 화자의 심경을 드러낸다. 이 작품은 이승과 저승, 즉 삶과 죽음의 세계가 '눈썹 하나 차이'지만 이 눈썹 하나 차이가 그리움과 안타까움, 그리고 참담한 감정에 휩싸임을 아프게 노래하고 있다.

유독 임린 시인은 가족 중에서도 어머니에 대한 시편

이 많다. 「빗물」에서 생전의 어머니는 십리 장터에 좌판을 벌여놓고 비오는 날 비닐 막 속에서 웅크린 모습을 상기시킨다. 어머니 세상 떠난 후에 비오는 날이면 "몸뻬 입은 한 여인"이 떠오른다. 어머니의 모습이다. 이러한 화자의 심정은 매우 아프다. 그리움과 죄스러움의 정서를 안타깝게 노래한다. 「어머니 주머니」는 어머니가 "서울 가면 눈 뜨고 코 베어 간다더라"라고 말했다. 그런데 월급이 속주머니에서 사라져 버렸다. 털린 돈이면 어머니 생활비를 보탤 수 있을텐데, 비정한 서울살이 속에서 허덕이며 살아가고 있는 화자의 어머니에 대한 연민과 그리움이 깃들어 있다. 「수염 풀」에서는 면도를 할 때 자꾸 어머니가 떠오른다. 어머니는 수염이 까칠하면 버릇없다고 하였기 때문이다. 이 작품에서 '수염풀'과 '수염'은 같은 의미를 지닌다. '수염풀'은 어머니 무덤의 웃자란 풀이고, 수염은 화자 자신의 몸에 자라는 털이다. 면도를 하면서 어머니 무덤의 무성한 풀을 벌초해야겠다는 생각이 이 작품의 메시지이다. 「대장간의 노을」은 아버지에 대한 그리움을 노래하고 있다. 화자는 직장을 던지고 아버지와 함께 대장장이 일을 한다. "아버지 돌아가시고 혼자 곡괭이를 만들다 말고 서쪽으로 돈다". '서쪽'은 '저 세상'이니 아버지를 생각하는 터이다. 화자의 진술에서 "아버지는 스승이자 하늘이었"기에 대장간 불을 연상시키는 저녁 무렵 노을은 아버지를 떠올리는 기제이다.

「백목련 진다」도 '백목련'을 통해 '누이'를 떠올린다. 그러므로 '백목련'은 시인의 상상력으로 빚어진 세상 떠난 누이를 가리키는 상관물이다. 백목련이 떨어지는 모습을 보며 누이를 그리워함으로써 가족에 대한 사랑과 애틋함을 드러내고 있다.

4.

헤아릴 수 없는 우주의 별들 중에 지금까지 밝혀진 바에 의하면 지구별만이 유일하게 생명체가 살고 있다는 것은 기적이고 축복이다. 우주에서 지구를 바라보면 푸른 보석처럼 아름답다고 한다. 생명체가 있기 때문이다. 이렇듯 생명은 고귀한 축복이다. 우리 선조들은 만물유생萬物有生, 즉 모든 물질엔 영혼이 깃들어 있다고 믿었다. 범신론적 사유를 과학적으로 규명하기 전에 생명의 아름다움과 존엄성을 인식해야 한다. 산업혁명 이후 과학문명은 인간중심적 사고에 의해 자연을 물질적 가치로 환산하기 시작하였다. 오늘날 이룩한 인간의 문명은 자연의 희생에 의한 것이다. 그러므로 이제 그 대가로 자연은 인간에게 보복을 하고 있다. 지난여름은 기상관측 이래 가장 무더웠고 가장 많은 비를 지구촌 곳곳에 퍼부어 많은 피해를 초래하였다. 임린 시인의 생명성 탐구의 시편들은 이러한 배경에서 비판과 성찰의 목소리를 내고 있다.

몸집이 불어나는 공룡, 병든 날씨의 유랑
십자가 피뢰침이 절절하다
안테나 곁으로 바람의 전선이 현악기처럼 울고
눅진한 시멘트벽 위에 검푸른 꽃이 핀다
흐린 상처에도 무진장 제공하는 하늘의 재료
공기 물 햇볕도 사 먹을 줄이야
바람과 목숨도 사 먹을 것이다.
숲을 컹 컹 울리는 갈퀴손이 다녀가면
설계도 위에서 산 숲은 쓰러지고
잘려 나간 나무에 산새도 불면 한다.
풍경화일까 우주의 고슴도치가 되어 가는 지구
켜진 전구 알 같은 지구
숲이 사라진다면 사막화된 모래 언덕에
바오밥 나무나 바퀴벌레 또 무엇이 살아 남을까
한쪽에서 환경 환경 소리 들리고
방황의 움직임 칡덩굴로 얽힌 날
편리가 불편이 될 개연성
딱딱한 생각 떠오르다 지워진다
눕고 싶어 오는 먹 비
출근하러 불어 터진 어깨가
매캐한 공해 속으로 사라진다.
어둡고 습한 지하도 계단을 터벅터벅 내려가면
허름한 사람 계단 구석에서 둥글게 말리고
깔고 자는 신문지 기사 한 꼭지에
겨울은 먼 곳에서 멈칫거린다고 한다
봄을 기다리는 곳에 수시로 닥치는
추운 벽이 움추려든다

-「우울한 날」 전문

인간의 탐욕과 이로 인한 폐해를 비판한 작품이다. 화자는 훼손된 지구 생태계를 "몸집이 불어나는 공룡, 병든 날씨"라고 지적한다. 자연 구성체의 일부인 인간을 '공룡'으로 비유하고, 자연환경 훼손으로 인한 증상을 '병든 날씨'라고 단적으로 말하고 있다. 인간에 의해 자행되고 있는 훼손된 지구를 음울하고 비탄에 빠진 목소리로 낱낱이 고발하고 있다. "눅진한 시멘트벽 위에 검푸른 꽃이" 피고, 한때는 지천에 널렸던 "공기 물 햇볕도 사 먹"는다고 한다. 뿐만 아니라 개발이라는 이름으로 숲을 쓰러뜨리고, 그곳에서 살던 생명들은 터진을 잃었다. 이러한 지구의 모습을 불 켜진 "전구알 같"다고 한다. 온난화로 생태적 위기로 치닿는 것을 지적하고 있다. 그것은 앞에서 밝힌 것처럼 물질적 이익을 도모하고 편리를 추구하는 인간 중심적 사고에서 연유한다. 그러나 역설적으로 "편리가 불편이 될 개연성"이라고 인간의 어리석음을 질타한다. 이 시는 임린 시인의 시편 중에서는 비교적 정직한 언술로 호소한 것으로 시적언어보다 일상적 언어가 오히려 커다란 반향을 일으키고 있다. 이 작품의 명제가 '우울한 날'이라는 것을 시어를 통해 알 수가 있다. '공룡' '병든 날씨' '검푸른 꽃' '흐린 상처' '갈퀴손' '잘려나간 나무' '불면' '전구알' '사막' '바퀴벌레' '방황' '불어터진 어깨' '공해' '어둡고 습한 지하도' '추운 벽' 등 한 편의 시작품에 이토록 부정적인 이미지와 불편한 정서가 난무하는 경우도 드물 것이다. 지구 환경이 어떻게 훼손되어가고 있는지를 극명하게 보여주는 시어들이다.

산업혁명 이후 끊임없이 성장한 인간의 과학문명과 기술자본은 지구 환경을 지구의 역사 이래 생명체에 의해 인위적으로 훼손되고 오염되어 왔다. 1960년대에 이르러 독일에서 시작된 생명운동은 문학적으로 형상화되기에 이른다. 인간의 탐욕에 대한 경계, 생명성에 대한 본질적인 탐구를 통해 생태환경을 보전하고자 하는 메시지를 전하며, 이에 대한 전제로 반성과 성찰을 촉구하였다. 다음의 작품 「개미와 게미」도 생태학적 상상력에 기댄 시이다.

길에 버려진 단무지 한 조각
집게로 치우려다
까맣게 엉긴 개미를 보고 주춤했다
거둬야 할 허접으로 여겼지만
그들에겐 몇 끼 양식인 줄 몰랐다
더듬이로 송수신하면서
단단한 턱 치차로 부수어 물고 간다
걸핏하면 부딪히는 마당에
함께를 어떻게 알았을까
스스로 몸 낮춘 미물이
백세를 족히 살며
게미 나는 개미 앞에서
호모사피엔스라 내세울 일일까

하늘이 끓어 말복 평상에서
코 고는 개미가 보는 미개인
쉬지 않고 부지런히 댐을 쌓고 있는 개미 가족
새삼 달리 보였다

-「개미와 게미」 전문

시적화자는 길에 버려진 단무지 한 조각을 발견하고 그것을 치우려다 문득 멈칫하고 만다. 인간에게는 쓰레기로 보였을 단무지 한 조각이 또 다른 생명에게는 식량이 된다는 것을 단무지에 "까맣게 엉긴 개미를" 통해 발견한다. 개미들은 "단단한 턱 치차로 부수어 물고 간다" 개미 떼가 걸핏하면 부딪히는데 더듬이로 송수신을 하면서 서로 소통하며 질서를 유지하였을 것이다. 이처럼 인간의 눈에는 한낱 미물로 보일지는 모르지만 저들 나름대로는 생존본능을 일깨우는 생명활동 때문에 지금까지 끈질기게 살아남았을 것이다. 화자는 단무지를 조각내어 끌고 가려는 개미 떼에서 생명의 경의와 존엄성을 발견한다. 한편으로는 "스스로 몸 낮춘 미물"들이 지닌 생명력에 "게미 나는 개미 앞에서/호모사피엔스"라고 스스로를 부르는 인간에게서 부끄러움을 느끼기에 이른다. 개미는 "쉬지 않고 부지런히 댐을 쌓"는다. 이러한 개미를 통해 말복날 평상에서 게으름을 피우는 인간을 만물의 영장이 아닌 '미개인'이라고 부르고, 개미라는 아주 작은 생명체를 새롭게 인식하게 된다.

임린 시인의 생명성 탐구 시편은 그의 시집 곳곳에서 생태환경보전을 위한 메시지를 전하고 있다. 「나무장례식」은 시 제목이 암시하듯이 생명체를 위협하는 인간의 탐욕과 잔인함을 보여준다. '나무의 장례식'이라고 붙인 시제가 시인의 발언을 짐작할 수 있다. 「나무 도시에서 죽다」 역시 나무의 죽음을 노래하고 있다. 도시라는 공간은 과학과 문명이 집약된 장소이다. 이러한 장소에는 나무들이 자라기 좋은 환경이 아니다. 그럼에도 메마른 도시에 억지로 심어진 나무들이 여러 가지 이유로 죽어가고 있음을 지적하고 있다. 「신가리 낚시터」에서도 인간의 탐욕을 그대로 보여준다. 낚시터는 갇힌 공간이다. 이곳에 물고기를 가둬놓고 물질적 이득을 얻으려는 인간의 비정함을 고발하고 있다. 「투명이 부른 산새」에서도 종교적 성소인 교회의 외벽에 부딪혀 죽는 새들의 비극성과 인간의 이중성을 비판하고 있다. 교회 외벽을 투명한 유리로 꾸며놓아 새들이 하늘인줄 알고 날아가다가 죽는 모습에서 "주님은 생명을/인도하시지만" 자신들의 욕심만을 좇아가는 인간의 생명에 대한 비윤리성을 반성과 성찰의 시선으로 노래하고 있다.

5.

임린 시인의 시세계를 이루는 또 하나의 중요한 축은 기층민에 대한 따스한 마음을 드러내는 경향이다. 시가 현실을 반영해야 효용성을 실천하기 위한 시인의 시선이 중심으로부터 이탈되어 소외된 민중들의 삶을 부드럽게 어루만져주는 일이야말로 나 아닌 타자에 대한 뜨거운 관심은 서정시가 지닌 아름다운 덕목이 아닐 수 없다. 현실은 늘 가진 자와 갖지 못한 자의 구도로 나누어져 조화와 균형을 이루지 못한 것이 사실이다. 누군가는 무직자의 처지가 되어 허덕이며 살아가고 있고, 또 누군가는 건강이 나빠 겨우 목숨을 이어가고 있다. 또 어떤 집단은 낯선 이국에서 고단한 삶을 이어가면서도 그들만의 방식으로 힘들게 살아가고 있다. 이러한 현실에서 가슴이 훈훈한 시인은 파타피지크Parphysique적인 세계를 지향한다. 즉 전통적인 세계에서 벗어나 독창적인 상상력을 발휘하여 이상적인 세계관을 구축하고자 한다. 이상적인 세계관은 유토피아와 다름없을진대 시라는 언어예술을 통해 시인의 개성적인 언술로 형상화시키는 예술적인 행위이다.

임린 시인의 시편에서도 시인의 개성을 드러내면서 보다 나은 세계를 지향하는 의지를 보여주고 있다.

인적이 저녁처럼 뜸하다
일당 팔만 원을 받고 파했다
예약 없는 귀가에
내일을 모르는
진눈깨비 내린다
젖은 작업화를 벗어 발을 말린다
벨이 조용하다.

상처엔 좌판 남기고 가신
어머니의 발라준 침이 명약이었다
가끔 거친 손으로 발라주던 된장
공부 싫어 집 나간
외아들 찾아 사방으로 헤맸던
돌아가신 어머니의 눈이 내린다
성인 되어 차린 속이
헤아릴 수 없는 눈발 속으로
걸어 들어간다
분간할 수 없는
소리 들렸다 사라진다
구급차 소리 울리고
아무렇지도 않게
저녁은 굶은 아이 대하 듯
함박눈은 푹푹 내려
덮는다

-「무직자」 전문

물질적 풍요를 이루고 있는 오늘날, 소비가 미덕이라며 소비를 권장하는 시대이다. 자본주의가 이룩한 부요한 성취를 실천하는 한켠에서는 직업을 갖지 못한 사람들이 삶의 경계에서 서성이고 있다. 극명하게 대비되는 자본주의의 모순이다. 특정한 사람들에게만 기회가 주어지는 불평등사회이기 때문이다. 선진국이라는 허울좋은 그늘에서 허덕이는 사람들에 대해 대부분 외면하고 관심을 보이지 않는다. 그러나 시인의 시선에는 이러한 풍경이 쉽게 눈에 띤다. 그러므로 시인이다. 시적 화자는 직업이 없는 사람이다. 직업이랄 수 없는 일당 팔만 원을 받고 하루하루 고용불안을 온몸으로 체험하는 사람이다. 그것도 예약이 없는 무직자로 어쩌다 인부로 팔려나갈 때만이 일을 한다. 그 날은 진눈깨비가 내려서 "젖은 작업화를 벗어 발을 말린다" 무직자의 어머니는 생전에 좌판을 벌여 근근이 살아갔나보다. 외아들은 어머니의 아픈 손가락이어서 대처로 돌아다니는 아들을 찾아다녔다. 죽어서 눈이 되어 눈으로 내리는데 아들은 무직자의 처지가 되어 이제사 철든 모습으로 회한에 젖어 눈을 맞는다. 지난날 어머니는 아들의 상처에 침을 바르고 된장을 발라주었다. 이렇듯 안타깝고 아픈 사연을 안은 아들은 어머니의 영혼이 깃든 함박눈을 맞으며 세상을 버겁게 살아가고 있다. 이 작품 속의 어머니와 아들은 주변에서 만날 수 있는 사람들이다. 시인은 상처지고 저미는 가슴을 안고 살아가는 사람들의 모습을 따스하게 감싸고 있다.

「수화手話」는 언어 장애인들의 삶에서 아름다운 인간애를 발견하는 작품이다.

얼굴에 묻은
까시래기를 닦아 주는 여자의 손

졸리운 버스 불빛

어둠이 내리고 남녀가 오른다
좌석에 나란히 앉아 말이 없다

여남은 정류장 지나 손짓 눈짓하더니
불빛 환한 상가 앞에서
손잡고 내린다

창밖을 배도는 수상한 구름
비 뿌리면 말의 우산도 없이
거친 대처를 어떻게 건너 갈까

말들이 시시각각 뒤집히면서
보이는 것을 앞세워 껍질로 우기면
세상은 훨씬 더 멀어져 있는데

등 뒤에 등이 있고 바람 뒤에 바람이 있다

비가 내리고
윗옷을 벗어 주는 모습
두어 정거장을 지나쳤어도 젖은 밤길이 춥지 않았다.

-「수화手話」 전문

저녁 무렵 버스에 남녀가 올라 좌석에 나란히 앉는다. 그러나 말이 없다. 남자의 얼굴에 묻은 까시래기를 여자가 닦아준다. 버스가 여남은 정류장을 지나자 남녀는 손짓 눈짓 하더니 "불빛 환한 상가 앞에서/손잡고 내린다" 이들은 언어장애를 가진 사람들이다. 앞의 상황으로 보아 두 사람은 부부이거나 연인이거나 서로를 무척 사랑하는 사람들로 보인다. 세상은 언어를 통해 소통하며 자신의 메시지를 전한다. 그러나 말을 하지 못하는 사람들은 이 세상 사람들의 언어가 아닌 손짓발짓의 언어, 즉 수화手話를 통해 소통한다. 남녀가 버스에서 내린 세상은 수상한 구름이 떠 있다. 이들을 지켜본 화자는 "비 뿌리면 말의 우산도 없이/거친 대처를 어떻게 건너 갈"지 걱정스럽다. 여기에서 '수상한 구름'은 '비구름'을 의미하며, '수상한 구름'이라는 기표가 함의하는 것은 기상현상으로 나타나는 비를 말하는 것이 아니다. '말의 우산'에서 짐작할 수 있듯이 세상과의 소통을 하지 못하는 것을 말한다. 그러므로 이들이 "거친 대처를 어떻게 건너 갈" 것인지에 대해 염려하는 것이다. "말들이 시시각각 뒤집히"고 "보이는 것을 앞세워 껍질로 우기"는 등 소통의 불편함 때문에 사람들에게 상처 입을 이들의 처지를 안타깝게 여긴다. 그런데 비가 내리는 밤길에 "윗옷을 벗어 주는 모습"이 참으로 아름답게 보여진다. 그런 까닭에 "두어 정거장을 지나쳤어도 젖은 밤길이 춥지 않았다."는 진술이 따스하게 느껴진다. 수화는 언어장애를 가진 소수의 사람들끼리만 소통하는 언어이다. 그렇다보니 세상과의 불통 때문에 많이 불편할 것이다. 그럼에도 서로를 위하는 마음이 이들의 삶에 뜨거운 불을 지피는 것을 발견한 화자가 오히려 이들에게

동화되는 모습을 보여준다.

이밖에 소외된 사람들의 삶의 모습을 때로는 아프게, 때로는 흐뭇하게 바라보는 시편들 중에 「달동네의 겨울」이 있다. "피붙이 두고 온 맨몸"이 구체적으로 어떤 사연이 있는지는 드러나 있지 않지만, "맵지 않은 날 없었던 지난한 삶"을 살아온 시적 대상은 여전히 겨울 추위와 집세 걱정으로 살아가고 있다. 이 작품을 그리는 시인의 눈길에 연민이 깃들어 있다. 「말테우리의 꿈」은 담살이를 하는 말몰이꾼의 삶을 고단하게만 바라보지 않고 "말발굽 소리에 어둠을 날려보낸다" "홑바지로 견딘 훈훈한 겨울은 옛이야기"가 말해주듯 삶을 긍정적으로 받아들이는 시인의 시선으로 하여 작품에 활력이 넘친다. 「가을 속 가실이」는 산후통으로 아내를 잃고 딸과 함께 살고 있는 홀아비의 삶을 화자가 연민으로 바라보고 있다. 그러면서도 하굣길 흙 묻은 가슴에 안겨오는 딸의 미래를 걱정하는 아비의 심정을 휴머니즘 관점으로 투시하고 있다. 「시간을 만지다」는 요양원의 안쓰러운 모습을 형상화 하였는데, '요양원'을 '섬'에 비유하여 쓸쓸하고 외로운 노년의 삶을 안타깝게 그리고 있다.

6.

인간은 뭇 생명들과는 다르게 사유한다. 사유는 보다 인간다움을 추구하기 위한 상상력의 발현이다. 특히 시인은 시를 통해 사유의 세계를 구체화하여 궁극적으로는 휴머니즘을 꿈꾸고 지향하고자 한다. 주지하다시피 자본문명사회, 그것도 자본주의 이념으로 작동하는 오늘날은 인간을 사물화하여 도구로 인식하는 경향이 우리 사회에 평배하다. 이러한 시대적 배경을 바탕으로 하여 임린 시인은 자신만의 파타피지크Pataphysique를 보여주고자 한다. 삶을 관조하며 반성과 성찰을 통해 보다 나은 완성된 인간이 되는 세계를 꿈꾼다. 불화와 모순이 들끓는 오늘날 우리 사회의 제문제로 인하여 파생되는 인간과 인간 사이의 관계를 살피며 자신의 모습도 이에 투영시켜 관계의 본질을 묘파한다.

시인과 가장 가까운 공동체인 가족의 역사에서 어머니, 아버지, 누이의 헌신과 슬픔을 되새기며 사랑과 상처를 통해 가족에 대한 애틋함을 보여준다. 궁극적으로 가족애를 노래한 시편들은 사랑의 넘치는 가족관계를 지향한다.

생명성을 드러낸 시편들에서는 지구온난화현상은 인간중심적 사고로 인해 멸망의 길로 치닿을지도 모르는 위기의식을 고조시킴으로써 경각심을 불러일으키고 인간과 자연이 상생해야 한다는 시인의 절박함을 부르짖고 있다.

이렇듯 생명성에 깊은 관심을 가진 시인은 중심으로부터 이탈한 소외계층에 대한 연민을 보여준다. 이것은 삶의 공동체가 함께 조화를 이루어질 때 세상은 인정이 넘치고 모두가 인간다운 삶을 누릴 것이라는 임린 시인의 세계관에서 비롯된 것이다.